Le Cameroun:
Le Cœur Hanté de l'Afrique

Janvier Tchouteu

TISI BOOKS

NEW YORK, RALEIGH, LONDON, AMSTERDAM

Les Titres Non-Fiction par Janvier T. Chando

ICÔNES ET SCÉLÉRATS: Les Assassinats Politiques Récents qui ont Transformé les Pays…
LES HÉROS TOMBÉS: Les Dirigeants Africains dont les Assassinat sont Désorganisé…
CAMEROUN: Le Système de Marionnettes Dysfonctionnel de la France…
UKRAINE: Le Bras de Fer entre la Russie et l'Occident
LE CAMEROUN: Le Cœur Hanté de l'Afrique

Les Titres Fiction par Janvier Chando

L'Usurper: et Autres Histoires
Agent Triple, Double Croix
Les Disciples de Fortune
L'Union Moujik
Le Flash du Soleil
L'Appel de Fortune
Le Maître de Fortune
Les enfants de Fortune
La Fille sur le Sentier
La Légende du Feu et de la Glace
La Plus Douce Folie
Les Grand-mères
L'Incendie de la Faim
Moi avant Eux
Le Père et les Fils
Les Médecins
Les Teintes Sombres
Liens Fatidique
Le Verdict de l'Hadès
Le Procès de Sa Majesté
La Folie de Ngoko
L'Usurpateur
Le Dot
Je suis Détesté
Le Lourdaud

Les Nouveaux Titres de Janvier Chando

Le Faucon Blanc
Les Amis Mortels
Les Ours de Norilsk
La Dérive à la Maison

ISBN-13: 978-1-7177-6350-1
ISBN-10 : 1-7177-6350-2

PUBLIÉ PAR TISI BOOKS
www.tisibooks.com

NEW YORK, RALEIGH, LONDRES, AMSTERDAM

Imprimé aux États-Unis d'Amérique

ÉPIGRAPHE

"Le temps pour les révolutionnaires avec la liberté totale de manœuvre est terminé."
—*CHRISTOPHER NKWAYEP-CHANDO*

DÉVOUEMENT

Dédié à la mémoire aimante de Salomon Tandeng Muna Yakana.

REMERCIEMENTS

Les mots spéciaux d'appréciation à Christopher Nkwayep-Chando et Dr. Samuel F. Tchwenko.

Les Citations

«Vous voyez ces dictateurs sur leurs piédestaux, entourés par les baïonnettes de leurs soldats et les matraques de leur police ... mais dans leur cœur il y a une peur inexprimée. Ils ont peur des mots et des pensées: les mots prononcés à l'étranger, les pensées qui remuent à la maison - d'autant plus puissantes parce qu'elles sont interdites - les terrifient. Une petite souris de pensée apparaît dans la pièce, et même les potentats les plus puissants sont plongés dans la panique.»

Winston Churchill

«Si nous luttons à mort contre une intégration arbitraire de notre pays dans l'Empire colonial Français, c'est que nous voulons rester les défenseurs conquérants du droit des peuples à disposer d'eux-mêmes. Nous sommes ainsi, restés au service du Kamerun et de l'Afrique…nous sommes les véritables artisans de la détente internationale. Nationalistes révolutionnaires, nous luttons pour acquérir pour le Kamerun et pour lui seul, une véritable indépendance nationale avec l'Unification comme condition préalable, simultanée ou consécutive, mais jamais exclue.»

Ruben Um Nyobè

"Sans l'Afrique, la France n'aura pas d'histoire au 21ème siècle."
François Mitterrand, 1957

"Nous ne sommes pas impliqués dans cette lutte seulement parce que nous pensons que nous allons démanteler ce système dans la durée de notre vie. Nous espérons que le Cameroun changera demain. Mais si ce n'est pas le cas, nous serons heureux de savoir que nous avons rendu le terrain fertile pour la prochaine génération qui mettra fin à la pourriture dans ce pays et puis établir le CAMEROUN NOUVEAU.»
Dr. Samuel F. Tchwenko, ex-UPCist et le chef 'idéologue du SDF historique de 1990-2002

«Jusqu'à ce que les lions aient leurs propres historiens, l'histoire de la chasse glorifiera toujours le chasseur.»
Chinua Achebe

«Le Cameroun n'est pas un pays d'esclaves que personne ne peut libérer.»
Janvier Chouteu-Chando

«Pour être sûr, les dictateurs sont astucieux, les génies du mal avec une puissance de feu impressionnante à leur disposition. Ils sont aussi brutalement efficaces à l'intimidation, au terrorisme et à l'abattage de masse. Cependant, une force est capable de dominer parce que la contre-force est inexistante ou faible.»
George B.N Ayittey

«L'Afrique est mon pays et le Cameroun ma famille.»
Didier Banlock

"Nous trouvons qu'à présent la race humaine est divisée en un homme sage, neuf fripons, et quatre-vingt-dix imbéciles sur cent. C'est, par un observateur optimiste. Les neuf coquins se rassemblent sous la bannière des plus vulgaires d'entre eux et deviennent des «politiciens»; le sage se démarque, parce qu'il sait qu'il est désespérément en infériorité numérique, et se consacre ainsi à la poésie, aux mathématiques ou à la philosophie; tandis que les quatre-vingt-dix imbéciles se marchent sous les bannières des neuf méchants, selon l'imagination, dans les labyrinthes de la chicane, de la méchanceté et de la guerre. C'est bon d'avoir la commande, Sancho Panza a observé, même sur un troupeau de moutons, et c'est pourquoi les politiciens élèvent leurs bannières. C'est d'ailleurs la même chose pour le mouton quelle que soit la bannière. Si c'est la démocratie, alors les neuf fripons deviendront membres du parlement; si le fascisme, ils deviendront des chefs de parti; si le communisme, les commissaires. Rien ne sera différent, sauf le nom. Les fous seront toujours des imbéciles, les fripons encore des chefs, les résultats encore exploités. Quant au sage, son sort sera le même sous n'importe quelle idéologie. Sous la démocratie, il sera encouragé à mourir de faim dans une mansarde, sous le fascisme, il sera mis dans un camp de concentration, sous le communisme, il sera liquidé. »

T.H. White

"... Le monde est béni de temps en temps avec des âmes uniques qui, bien que chargées de leurs croix invisibles, ont toujours la force extraordinaire d'avancer dans la vie et de donner un coup de main aux autres en même temps. Malgré leurs tribulations, la plupart d'entre nous pensent qu'ils vont bien. Même quand le poids de leurs croix devient insupportable, même quand ils se déroulent d'une manière haletante, nous avons encore du mal à comprendre qu'ils se noient. En fait, nous les condamnons même pour ne pas avoir sacrifié plus ... »

Janvier Chouteu-Chando, "Disciples de la Fortune »

Table des Matières

LES CARTES

Le Cameroun sur une carte du monde

Le Cameroun sur une Carte de l'Afrique

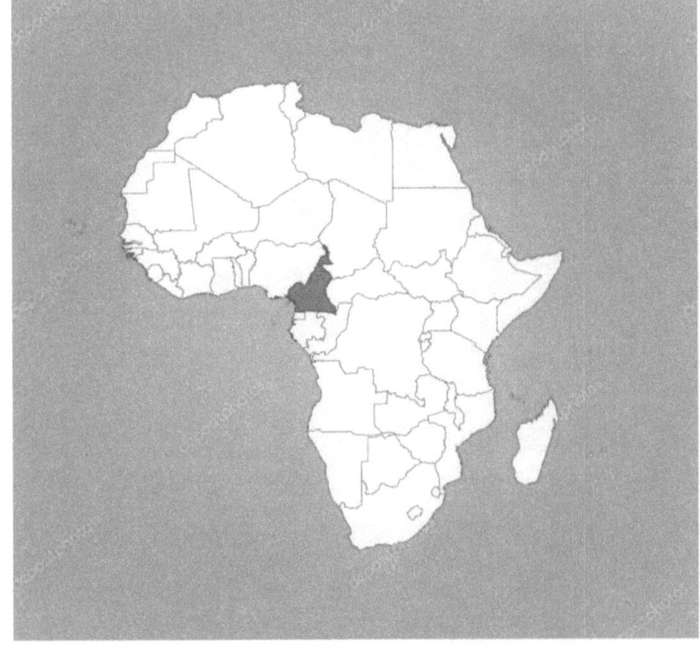

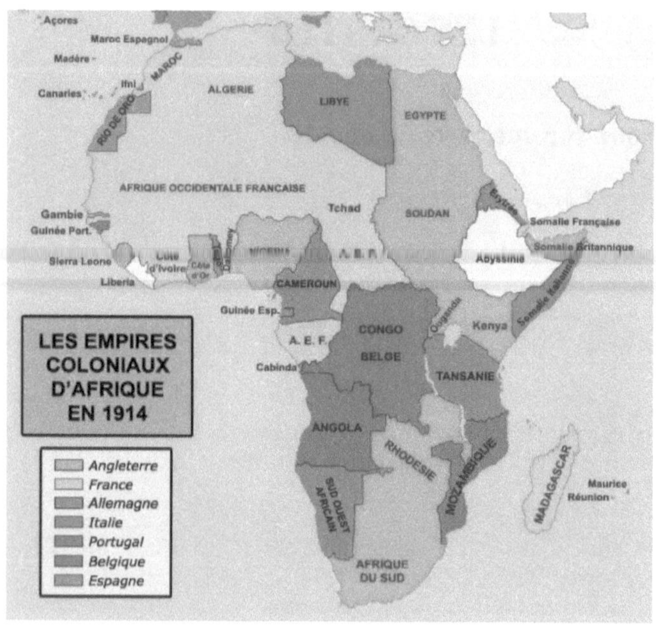

Les Pays D'Afrique

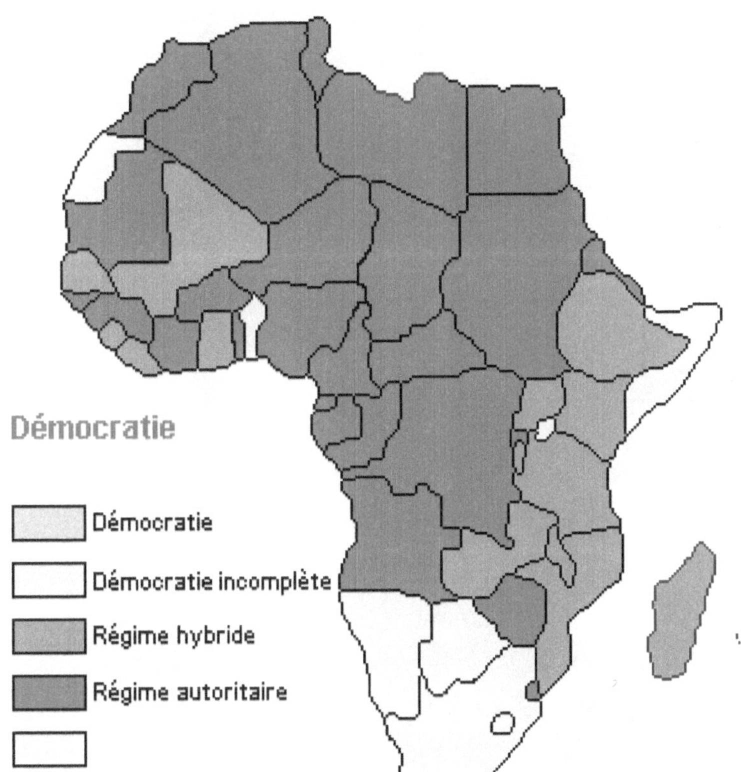

Démocratie

Démocratie
Démocratie incomplète
Régime hybride
Régime autoritaire

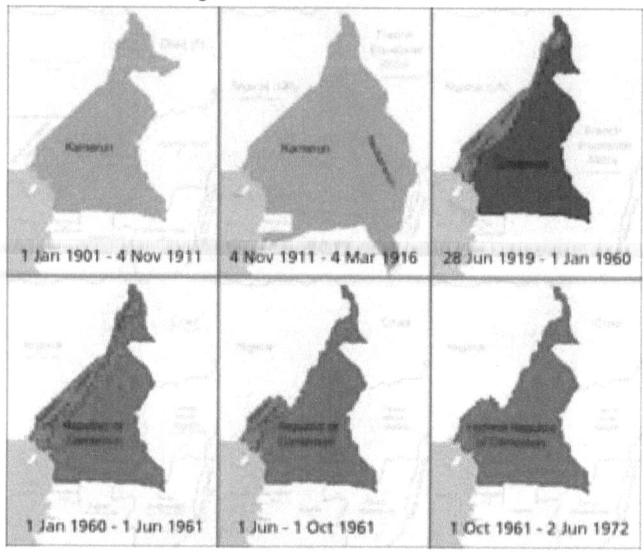

1. Cameroun Allemand (1884-1911)
2. Cameroun Allemand (1911-1916)
3. Cameroun   Britannique   &   Cameroun Français: 1916-1960
4. Cameroun Britannique & La République du Cameroun (1960-61)
5. Southern   Cameroun   Britanniques   &   La République du Cameroun (1960-61)
6. Réunifie—La   République   Fédérale   du Cameroun (1961-1972)

Le Cameroun:
Le Cœur Hanté de l'Afrique

INTRODUCTION

La libération inachevée du Cameroun en est déjà à sa quatrième phase, ayant subi la défaite aux mains de ses anciens maîtres coloniaux dirigés par la France, et des marionnettes que la France a mises au pouvoir avant d'accorder l'indépendance du Cameroun Français le 1er janvier 1960.

Les patriotes Camerounais languissaient dans la défaite, mais ils n'abandonnaient jamais la lutte. Aujourd'hui, une nouvelle génération de patriotes Camerounais, diversement qualifiés de Kamerunistes, d'union-nationalistes et de nationalistes-civique Camerounais, a pris le relais des dirigeants de l'UPC historique (Union des populations du Cameroun) de 1948-1971, et les nationalistes-civique de la dernière génération qui ont rejoint le SDF *(Social Democratic Front)* en 190-1991, croyant que son leadership était engagé dans la lutte pour achever la libération du Cameroun. Les défenseurs du changement dans ces générations post-indépendance, qui ne sont pas compromis par le système anachronique imposé par la France, s'opposent non seulement au régime de l'actuel chef d'État du Cameroun Paul Biya, mais aussi aux fondements du système que la France Gaulliste mis en place avant de remettre le pouvoir au prédécesseur de Paul Biya, c'est-à-dire Ahmadou Ahidjo.

Dans ces récits, nous sommes confrontés à une lutte qui n'est pas aveuglée par les émotions, une lutte fondée sur l'humanitaire et la solidarité sociale, une lutte qui ne rancune pas contre le peuple Français mais qui rejette cette frange de l'establishment politique Français, la mafia politique en soi, qui contrôle l'Afrique Francophone (FrancAfrique) et qui soutient la dictature Camerounaise contre le choix et les souhaits du peuple Camerounais.

PARTIE I

Le Cameroun, Le Régime Usurpateur de Paul Biya et Le Système Politique imposé par la France

Chapitre Un

La Perle de l'Afrique

Si vous montez à bord d'un avion ou d'un navire qui sillonnent l'une des routes internationales et demandez à être transporté au cœur de l'Afrique, ne soyez pas surpris de se retrouver débarquant au Cameroun. C'est un beau pays en soi, situé en face de la partie centrale du Brésil, sur la côte orientale de l'océan Atlantique. Bordé par six pays parmi lesquels le Nigeria est le voisin le plus important, le Cameroun apparaît sur les cartes comme une mère très enceinte portant un bébé sur son dos.

Cette entité géopolitique qui est unique dans tous les sens du mot a été créée par accident et a été répartie à l'Allemagne lors de la conférence du Berlin de 1884 organisé par les grandes puissances d'Europe occidentale à l'époque qui ont divisé l'Afrique entre eux-mêmes. Par la suite, Berlin a traité le Kamerun Allemand comme sa colonie précieuse pendant trente-deux ans jusqu'à ce que la Grande-Bretagne et la France ont capturé la terre au cours de la Première Guerre Mondiale. Les deux allies l'ont partitionné en le Cameroun Britannique (Le Cameroun Méridional Britannique — *British Southern Cameroons,* et

Le Cameroun Septentrional Britannique — *British Northern Cameroons*) et en le Cameroun Français, et puis, ils ont continué à dominer les peuples Camerounaises pour quatre décennies. Cependant, ils ont aussi été confrontés par les nationalistes-civiques Camerounais qui ont fait campagne pour la réunification et l'Independence du territoire divisé. Aujourd'hui, la langue Anglais et la langue Français sont les deux langues officielles du pays, reflétant la domination de ces deux langues indo-européennes en Afrique.

Ils disent que les dieux ont un design même dans les actes les plus scandaleux des mortels. Si tel est le cas, alors il applique également au Cameroun. Le pays a surmonté tant de défis de son histoire que les gens s'enorgueillissent maintenant de l'adage selon lequel "Impossible n'est pas Camerounais".

Les voix de renom ont tendance à appeler le Cameroun "L'Afrique en Miniature," non seulement à cause de sa forme fantaisiste et histoire turbulente, mais aussi à cause des aspects physiques et humaines de sa géographie. C'est le point en Afrique, où l'Orient rencontre l'Occident et où le Nord rencontre le Sud. C'est le pays qui dispose des plaines et des montagnes, des plateaux et des vallées, des rivières et des mers, des lacs et des cascades et autres caractéristiques physiques qui reflètent le reste de l'Afrique. Le sud est dominé par les forêts équatoriales et tropicales, le nord est couvert par la végétation sahélienne, et la partie centrale du pays est honoré avec une grande savane de prairie mixte et la forêt. En fait, toutes les différentes flores et la faune en Afrique peuvent être trouvés dans ce triangle négligemment dessiné appelé Cameroun.

L'œil curieux est apte à remarquer différentes statures, types du visage et des nuances de teint comme il se déplace à travers le Cameroun — un reflet de l'histoire de l'histoire du territoire comme le carrefour des migrations Africaines. Les linguistes Anthropologiques sont convaincus que tous les quatre groupes linguistiques majeurs de l'Afrique convergent au Cameroun.

La partie sud du pays est la base d'où les locuteurs Bantous se propagent vers le sud et vers l'est de l'Afrique. Le plus loin propagation des peuples Afro-Asiatiques est dans le nord de ce territoire, avec des groupes comme les Sémites qui parlent différents dialectes et langues de l'Arabe, les Touaregs qui parlent différents dialectes du Berbère, les Haoussas et Batas qui parlent des langues Tchadique, et les Peuls ou Foulani parlant Fulfulde ou Foula. Locuteurs natifs Nilo-Sahariennes dominent le nord du pays dans leur propagation le plus à l'ouest du continent Africain. Présente au Cameroun aussi sont de petites ethnies du quatrième sous-groupe important qui s'appelé Niger-Congo-A, qui occupent les régions frontalières du sud-ouest avec le Nigeria. Installé dans la partie nord-ouest du pays qui ressemble la partie enceinte du Cameroun est le cinquième et unique groupe qui est autochtone, et que vous ne trouverez qu'au Cameroun. Nommé semi-Bantous, Graffi ou sud-Bantoide, ce groupe a des caractéristiques de tous les autres quatre principaux groupes linguistiques ou sous-races en Afrique. Les légendes et les traditions soutiennent l'affirmation selon laquelle que les semi-Bantous sont originairement d'origine Afro-Asiatique et

Nilo-Saharienne et qu'ils ont assimilé tous les peuples qu'ils ont rencontrés au cours de leur migration. Le peuple Bamiléké est l'ethnie dominante dans ce groupe.

Alors que d'autres peuples Africains ont pris les armes et ont guerroyé entre eux-mêmes d'avoir leur pays divisé, le Cameroun est la seule entité géopolitique sur le continent Africain dont les habitants ont fait la guerre pour réunir leur terre et leur peuple qui avaient été séparés par l'héritage de la partition Anglo-Française de l'ancienne colonie du Kamerun Allemagne. C'est le seul pays Africain où ceux qui ont combattu pour sa réunification et son indépendance sont encore à assumer le pouvoir politique, car ils continuent à languir de la défaite subie aux mains des forces militaires Français et les forces des marionnettes que la France a installées au pouvoir. C'est le pays où vous trouverez la plus grande déception politique et la mafia la plus louche en Afrique. C'est le pays en Afrique avec le plus petit nombre de chefs d'Etat dans son histoire (deux seulement — Ahmadou Ahidjo de 1960-1982 et Paul Biya 1982- aujourd'hui), mais c'est aussi le pays qui est moins susceptible de se livrer à la guerre mutuellement destructive pour se débarrasser du système politique étouffant que la France a imposé sur le pays en utilisant les mains de ses marionnettes.

(Tiré d' « Agent Triple, Double Croix »)

Partie II: Réflexion de 07 Avril 2015: Le Cameroun en tant qu'une Nation Détournée

Au pouvoir depuis 1982, est le dictateur absent de l'Afrique appelé Paul Biya, qui a été fait le successeur de son prédécesseur Ahmadou Ahidjo par un ordre de l'ancien président Français Françoise Mitterrand. Ahidjo, lui-même était porté au pouvoir par les Français pour usurper les aspirations des Camerounais dans leur lutte de libération menée par l'UPC que la France a interdit en 1955, une partie politique avec plus de 80% des intellectuels de la terre et un soutien encore plus national. La France a assuré le règne continu de Ahidjo en décimant la base de soutien de l'UPC dans une guerre de 12 ans contre la partie politique et en tuant tous les dirigeants de l'UPC (Ruben Um Nyobè en 1958, Félix Moumié à Genève en 1960 Osendé Afana en 1966, Ernest Ouandié en 1971 etc.), laissant le Cameroun comme une nation hanté par une "lutte de libération inachevée". Aujourd'hui, les Camerounais espèrent se débarrasser de la dictature de Paul Biya, mais sont également déterminés à supprimer le système imposé par la France que ses gardiens veulent maintenir avec quelqu'un d'autre à sa tête au Cameroun après le départ de Paul Biya à l'au-delà.

Partie III: Le Cameroun sous un Système Politique Étouffant et Hanté par le Terrorisme

Aggravé par le système rétrograde et la folie du régime de Biya, est le spectre de Boko Haram qui a commencé à hanter le nord du Cameroun il y a quelques années, une forme déformée de l'islam adoptée par un groupe qui voit la gloire dans le meurtre d'innocents (femmes, enfants et d'autres civils), un débordement de la tension religieuse du Nigéria et une fusion de la géopolitique alors que les intérêts étrangers étendent l'exploitation des ressources dans le bassin du lac Tchad.

Et comme pour dénigrer encore plus la glorieuse âme camerounaise, le régime usurpateur de Paul Biya n'a pas répondu aux griefs des peuples de la partie anglophone du pays (l'ancien Cameroun occidental dans la Fédération camerounaise de 1961-1972, et ce qui était l'ancien Cameroun Méridional Britannique de 1916-1961 après la partition de l'ancien Kamerun Allemand en Cameroun Britannique et Cameroun Français), rendant le terrain fertile pour le groupe marginal appelé Ambazonia pour détourner la cause Camerounaise Anglophone pour la démocratie et pour la fédéralisme, en poursuivant la voie de sécession qui a conduit à une lutte armée fin 2017. Ce conflit nouveau et en cours donne une fausse idée de la lutte camerounaise centenaire pour le «Cameroun Nouveau» car il donne un certain sens à ces parties qui n'ont jamais eu l'intérêt du Cameroun dans l'âme --- l'un, faussement comme la force essayant de maintenir le Cameroun uni, tandis que l'autre, malheureusement, comme la force pour emmener le Cameroun Anglophone vers un avenir qui est, en réalité, impossible.

Comment le Cameroun émerge-t-il de ce surréalisme où les forces engagées dans un conflit armé voient leur seule légitimité venir des actions inhumaines qu'elles commettent les unes contre les autres, et où elles forcent fondamentalement la majorité de la population à tolérer leurs actions anti-peuples qui vont à l'encontre le noble idéal d'un «Nouveau Cameroun» et d'une «Nouvelle Afrique» que les intérêts étrangers sont déterminés à déjouer depuis plus d'un siècle maintenant, des forces étrangères qui ne les voient que comme des «idiots utiles» dans leur plan de match?

Seul un Cameroun débarrassé du système rétrograde imposé par la France et dirigé par ceux qui mettent l'intérêt de la terre au-dessus de leurs intérêts personnels ou des intérêts d'entités étrangères qui n'ont pas de véritable préoccupation pour la terre, les citoyens du Cameroun peuvent être certains que le pays et le gouvernement seraient en mesure de gérer l'insécurité posée par les groupes anti-peuple et déshumanisés comme Boko-Haram. En fait, le système/régime Biya et Boko-Haram, ainsi que les sécessionnistes/séparatistes sont en symbiose car ils se rendent mutuellement pertinents dans un espace où la grande majorité du peuple Camerounais les déteste tous.

Chapitre Deux

Les Chefs d'État les plus anciens en Afrique et le Reste du Monde en 2018

Rang	Nom	Pays	Au Pouvoir	Début du Mandat	Durée du Mandat
1	Paul Biya	Cameroun	Premier Ministre, puis Président	30 Juin 1975	43 ans
2	Teodoro Obiang Nguema	Guinée Équatoriale	Président[1]	3 Août 1979	38 ans

	Mbasogo				
3	Ali Khamenei	Iran	Président, puis Chef Suprême	13 Octobre 1981	36 ans
4	Denis Sassou Nguesso	République du Congo	Président	25 Octobre 1997	18 ans
5	Hun Sen	Cambodge	Premier Ministre[2]	14 Janvier 1985	33 ans
6	Yoweri Museveni	Uganda	Président	29 Janvier 1986	32 ans
7	Nursultan Nazarbayev	Kazakhstan	Première Secrétaire et, puis Président	22 Juin 1989	29 ans
8	Omar al-Bashir	Soudan	Président[3]	30 Juin 1989	29 ans

9	Idriss Déby	Tchad	Président[4]	2 Décembre 1990	27 ans
10	Isaias Afwerki	Érythrée	Président[5]	27 Avril 1991	27 ans
11	Emomali Rahmon	Tadjikistan	Président	19 Novembre 1992	25 ans
12	Paul Kagamé	Rwanda	Président	19 Juillet 1994	24 ans
13	Alexander Loukachenko	Belarus	Président	20 Juillet 1994	24 ans
14	Milo Đukanović	Monténégro	Premier Ministre, puis Président	02/15/1991-11/25/2002 et 01/08/2003-11/10/2006 et 02/29/2008-	22 ans

			12/29/2010 et 05/20/2018 – present	
15	Mahathir Mohamad	Malaisie	Premier Ministre	07/16/1981- 10/31/2003 et 05/10/2018 – present	22 ans
16	Daniel Ortega	Nicaragua	Président	03/04/1981- 04/25/ 1990 et 01/10/2007 – present	20 ans
17	Tuilaepa Aiono Sailele Malielegaoi	Samoa	Premier Ministre	23 Novembre 1998	19 ans
17	Abdelaziz Bouteflika	Algérie	Président	27 Avril 1999	19 ans

18	Ismaïl Omar Guelle	Djibouti	Président	8 Mai 1999	19 ans
19	Vladimir Poutine	Russie	Président[10]	9 Août 1999	19 ans
20	Keith Mitchell	Grenada	Premier Ministre	06/22/1995- 07/09 2008 et 02/20/2013- present	18 ans
21	Hage Geingob	Namibie	Premier Ministre, puis Président	03/21/1990- 08/ 28/2002 et 12/04/2012- – present	18 ans
22	Bashar al-Asad	Syrie	Président	17 Juillet 2000	18 ans
23	Joseph	République Democratique	Président	17 Janvier	17 ans

	Kabila	du Congo		2001	
24	Ralph Gonsalves	Saint Vincent-et-les-Grenadines	Premier Ministre	29 Mars 2001	17 ans
25	Barnabas Sibusiso Dlamini	Swaziland	Premier Ministre	07/26/1996-09/29/ 2003 et 10/23/2008 – présent	17 ans
26	Dési Bouterse	Suriname	Président	02/25/1980-01/25/ 1988 et 08/12/ 2010 – present	15 ans
27	Recep Tayyip Erdoğan	Türkiye	Premier Ministre, puis Président	14 Mars 2003	15 ans

28	Ilham Aliyev	Azerbaïdjan	Premier Ministre, puis Président [12]	4 Août 2003	15 ans
29	Shavkat Mirziyoyev	Ouzbékistan	Premier Ministre, puis Président	11 Décembre 2003	14 ans
30	Sheikh Hasina	Bangladesh	Premier Ministre	06/23/1996-07/15/ 2001 et 01/06/2009 – présent	14 ans
31	Roosevelt Skerrit	Dominica	Premier Ministre	8 Janvier 2004	14 ans
32	Mahmoud Abbas	Palestine	Premier Ministre, puis Président	03/19/2003-09/06/2003 01/15/2005 – present	12 ans

33	Lee Hsien Loong	Singapore	Premier Ministre	12 Août 2004	13 ans
34	Tommy Remengesau	Palau	Président	01/01/2001- 01/15/2009 et 01/17/ 2013 – présent	13 ans
35	Faure Gnassingbé	Togo	Président[15]	4 Mai 2005	13 ans
36	Salva KiirMaiardit	Soudan du Sud	Président[16]	30 Juillet 2005	13 ans
37	Pierre Nkurunziza	Burundi	Président	26 Août 2005	13 ans
38	Angelina Merkel	Allemande	Chancelier Fédéral	22 Novembre 2005	12 ans

39	Evo Morales	Bolivie	Président	22 Janvier 2006	12 ans
40	Benjamin Netanyahu	Israël	Premier Ministre	06/18/1996-07/0 6/1999 et 03/31/ 2009 – present	12 ans
41	Viktor Orban	Hongrie	Premier Ministre	07/06/1998 – 05/27/2002 et 05/29/2010 – present	12 ans
41	Doris Leuthard	Suisse	Membre du Conseil Fédéral, autrefois Président	1 Août 2006	11 ans
42	Frank	Fiji	Président par intérim	05/29/2000-07/13/ 2000	11 ans

	Bainimarama		puis Premier Ministre	et 12/5/2006 – present	
43	Gurbanguly Berdimuham edow	Turkménistan	Président	21 Decembre 2006	11 ans
44	Ibrahim Boubacar Keïta	Mali	Premier Ministre, puis Président	02/04/1994-02/15/2000 et 09/04/2013 – present	10 ans
45	Bako Sahakyan	Artsakh (ancienne République du Haut-Karabagh)	Président	7 Septembre 2007	10 ans
46	Alassane Ouattara	Côte d'Ivoire	Premier Ministre, puis Président	11/07/1990-11/ 9/ 1993 et 12/04/2010-	10 ans

				present (2nd time)	
47	Dean Barrow	Belize	Premier Ministre	8 Février 2008	10 ans
48	Dmitry Medvedev	Russie	Président, puis Premier Ministre	07 Mai 2008	10 ans

Chapitre Trois

Les Politiciens et les Révolutionnaires dans la lutte pour le Cameroun Nouveau

Les politiciens ne sont pas ceux qui sont destinés à changer un système et de prendre un pays sortir d'une impasse dans l'avenir. C'est le travail des révolutionnaires.

Les politiciens fonctionnent dans les systèmes établis et faire le travail de la politique politicienne pour défendre, protéger ou promouvoir certains intérêts, qu'ils soient individuels, groupe, ethnique, régionale, linguistique ou national, sur la base des phrases vides ou par une formulation pensée clairement définie (idée ou un concept)

Révolutionnaires d'autre part sont ceux qui contestent un système, en attendant de le faire descendre et mettre en place un nouveau système qui servirait l'intérêt de la majorité foulé (la souffrance ou en difficulté des masses). Dans la cause de faire tomber le système, les révolutionnaires ne vous attendez pas à bénéficier ou se développer de la lutte. , Ils sont plutôt prêts à tout sacrifier pour la lutte.

Le plus triste est que si la lutte Camerounaise pour changer le système est une lutte révolutionnaire, la plupart des dirigeants dans les soi-disant partis d'opposition parlent de la politique et des récompenses attendues même si elles sont encore engagés dans la lutte pour changer le système.

Voilà pourquoi la plupart d'entre eux portaient atteinte aux idéaux de la lutte des excuses que '«*C'est impossible de vivre sur la politique propre comme une véritable opposition au Cameroun*». Il y a et il y a eu des Camerounais qui ont généreusement donné à leur valeur à la lutte et feutre il était déshonorant d'utiliser la lutte pour obtenir des avantages personnels. Ils ont été et sont les syndicats nationalistes et révolutionnaires.

Au cours de mes années d'implication dans la lutte, je me suis finalement rendu compte que le système (les régimes Ahidjo-Biya soutenu par le groupe de la mafia Française contrôlant les affaires Africaines) craint et respecté ces révolutionnaires et syndicaux-nationalistes pour leur authenticité, la nature et l'intégrité sans faille. Mais assez curieusement, les politiciens qui prétendent être dans l'opposition conçu une haine pour ces révolutionnaires et nationalistes syndicaux juste parce que ces révolutionnaires et nationalistes syndicaux sont authentiques et ne sont pas comme eux, et parce qu'ils regardent avec horreur à la tromperie des politiciens qui tentent de vivre la politique politicienne et ce faisant, compromis la lutte et trahi les aspirations des masses en lutte.

Curieusement, nous avons échoué dans cette phase de la lutte (1990-2002) parce que les politiciens ont mené la lutte pour changer le système (une demande révolutionnaire) au lieu des révolutionnaires et des syndicats nationalistes qui sont beaucoup moins susceptibles d'être compromises par les valeurs négatives de le système Français imposé anachronique.

Janvier Tchouteu   *Vendredi, 15 Avril 2005*

Chapitre Quatre

Paul Biya, Le Chef d'état du Cameroun: Le Spectre de la Vie qui Hante le Peuple Camerounais

Si vous posez cette question aux tous les Camerounais avec une profonde perception du monde que "Qui est le chef d'état le plus malhonnête et illusoire en Afrique?", la réponse de la majorité absolue serait évidente. Notre locataire dans le Palais de l'Unité dans le quartier d'Etoudi à Yaoundé est le chef de l'État le plus décevant.

Le deuxième président du Cameroun est un mauvais chef de l'État. Son règne depuis longtemps a détruit la plupart des fondations du mode de vie et des valeurs progressistes du peuple Camerounais. Sans principes, sans scrupules et sans vision, il était suffisamment insaisissable durant ses premières années comme le président du Cameroun parce que Il a réussi à convaincre de nombreux de ses citoyens à le considérer comme un leader brillant. Oui, il s'est fait brillant et attrayant pour les peuples que qu'il gouvernait, même malgré ses véritables convictions qui étaient rétrograde, égocentrique et traître vis-à-vis du bien-être du peuple Camerounais.

Le deuxième président Camerounais est un démagogue
qui a harangue concernant son New Deal de rigueur et de
moralisation, quand il n'a jamais eu l'intention de travailler
pour l'intérêt de tous les Camerounais. Il est arrivé au
pouvoir avec le seul but de défendre les intérêts de son
patron (la mafia dans l'establishment Français qui dirige la
politique Africaine pour la France), pour améliorer le bien-
être et la position sociale de sa clique qui est compose des
hommes d'affaires sans scrupules, des politiciens, des
fonctionnaires et surtout le groupe ethnique de sa
naissance.

Le deuxième président Camerounais est déshonorant, et
il est un homme sans convictions. Il a commencé ses
manifestations   politiques   comme   un   nationaliste
Camerounais d'orientation socialiste, sous la bannière de
l'Union des Populations du Cameroun (UPC), mais bientôt
sans hésitation, il a jeté son vêtement nationalistes pour les
haute postes que le system impose par la France a offert
aux renégats de la lutte Camerounais par le régime
d'Ahmadou Ahidjo que la France a présenté comme le
premier chef d'Etat du Cameroun lorsque Charles De
Gaulle et son pays a chaperonné le Cameroun Français
pour devenir une membre de l'Organisation des Nations
Unies le 1er janvier 1960 (la soi-disant indépendance du
Cameroun). Avec un système qui avait à sa tête le régime
Anglophobe de Ahmadou Ahidjo, une marionnette de la
France, travaillant avec la France pour vaincre l'UPC et
toute autre forme de nationalisme Camerounais (union-
nationalisme), le gouvernement était une arène pour les
doubles-parleurs et les doubles penseurs. Et Biya était l'un

d'entre eux.

Ayant transféré sa fidélité à la gloire de la puissance nue dans manifesté par le régime soutenu par la France qui supervisait le génocide des forces nationalistes au Cameroun, Paul Biya a rapidement gagné le cœur de ses patrons pour devenir le Premier Ministre en 1972, et plus tard le président du Cameroun en 1982. Après cela, il a jeté tous les aspects de ses liens avec le nationalisme Camerounais, et il est devenu un Francophile et manipulateur des Anglophones Camerounais. Aujourd'hui, c'est clair aux yeux de tous que Paul Biya se présente comme le chef des forces renégats qui peuvent éventuellement tuer le nationalisme-civique Camerounais et mener la nation vers l'abîme, en niant le pays la réalisation de son rêve centenaire de l'unité, l'indépendance, la prospérité et les opportunités ouvertes.

Paul Biya est sans but, sans visage, et il est paranoïaque. Ses longues années en pouvoir et la vacuité de son règne ont été masqués par la mafia FrancAfrique et ses collaborateurs Camerounais. Pendant ses premières années en tant que chef de l'État, Paul Biya a parlé de rigueur dans la mise en œuvre de l'éthique du travail, des règles, des lois, de la liberté, des droits de l'homme progressistes et des réformes économiques; quand il n'a jamais voulu voir le moindre changement dans le système anachronique qu'il a hérité de son prédécesseur Ahmadou Ahidjo, un système corrompu que la France a imposé au Cameroun. Biya n'a jamais eu la moindre intention de changer le cours de la dictature, de la corruption, de la kleptomanie et de la division qui était la règle du système et les attributs du pouvoir et des richesses que le système offrait. Une décennie après qu'il a prononcé le mot rigueur, le Cameroun qui avait le deuxième pays mondial sur la base de taux de croissance économique, après la Corée du Sud en 1986 (même s'il a été à la traîne de ses vraies potentialités à l'époque), est aujourd'hui parmi les pays en Afrique avec l'économie qui est le moins prometteur.

La rhétorique de moralisation de Biya est une insulte inacceptable pour l'humanité. Alors même qu'il a promis de rendre à son règne une face morale où la gouvernance serait basé sur un programme pour améliorer la bonne conduite des affaires publiques, sociales, économiques et politiques, il a trahi ses promesses en présidant la pire dégénérescence d'un pays Africain qui n'est pas ravagé par la guerre.

Malheureusement pour les Camerounais, Paul Biya est un de ces produits regrettables de la nature qui ont la force de caractère qui est une négation de ce qu'on appelle le noyau d'un bon leadership. Ça ne dérange pas Paul Biya du tout que ses mauvaises actions et son règne ont réduit les peuples Camerounais au niveau des mendiants, ont érodé leur sens du but, ont divisés leurs rangs, et ont leur rendu dans les bras de découragement, ont dénigré leur influence dans la politique nationale et internationale, et ont encouragé la corruption à la forme d'un art. Et surtout, c'est commode de Paul Biya en remplissant ses objectifs tordus qu'il a enveloppé le Cameroun dans l'embrayage et les caprices de la France.

De origines paysannes, Biya a appris, mais il a mal assimilé les valeurs aristocratiques. Le triste résultat de cela est ses mépris injustifiés des masses d'où il avait ses origines. Comme un homme de savoir élevé, c'est regrettable que, malgré ses longues années de service dans le système, il possède encore tous les traits d'un pseudo-intellectuel et un pédant. Et c'est en raison de son conscience de sa faiblesse intellectuelle qu'il a développé un complexe d'infériorité masquée. C'est pourquoi il rejette, snobe et se dérobe à partir des bonnes idées de ses supérieurs intellectuels.

Le Cameroun est le seul pays en Afrique où les combattants de la lutte pour sa libération—les union-nationalistes —n'ont jamais été autorisés ou n'ont jamais été acceptées à la tête du pouvoir. Le Cameroun est le premier pays en Afrique où la France s'est profondément impliquée dans le génocide de ceux qui ont résisté de son mensonge (près d'un million de morts dans la guerre 1956-1970 contre l'UPC—directement et indirectement). La France a fait ça avec la collaboration du régime d'Ahmadou Ahidjo. En fait, le Cameroun est le seul pays en Afrique qui a été le plus cruellement violée par la France dans l'époque contemporaine. Même si les Camerounais sont l'une des peuples les plus dynamiques du continent Africain, ils n'ont jamais été libre pour exploiter leur potentiel et de construire leur pays en une grande nation que le Cameroun mérite vraiment d'être. Au lieu de cela, les Camerounais ont été abaissés par un complot ourdi pendant les années que Jacques Foccart était le dirigent de la politique Française sur l'Afrique, une conspiration qui a effectivement utilisé les collaborateurs Camerounais, comme Paul Biya, en particulier.

Ça ne dérange pas le deuxième président Camerounais

que le peuple Camerounais se suffoquent dans sa servitude. Il a perdu le contact avec les masses Camerounaises, la réalité Camerounaise et de la vie dans ses différentes formes. Cependant, contrairement à son homologue psychopathe, l'empereur de Rome Néro (Néro Claudius Caesar Augustus Germanicus), il a maîtrisé un art—l'art de garder le pouvoir, malgré l'opposition de ses citoyens. Et comme la plupart des mégalomanes et des expérimentateurs, il continuerait à expérimenter sa théorie de la rétention de pouvoir, en dépit de son impopularité. Il ne s'inquiète pas que le peuple Camerounais sont traînés vers l'abîme dans le processus.

Biya effectue sa théorie de la rétention de pouvoir sur le peuple Camerounais, une expérience ou essai qui va certainement détruire le meilleur de nos forces créatrices, si nous le laissons à persister. Par ailleurs, en continuant pour rester au pouvoir, Paul Biya et le système que la France a imposé sur le Cameroun vont détruire la foi que nous avons dans notre rêve ; et le pire de tout, ils vont détruire la mère du progrès, qui est l'espoir que le peuple Camerounais de doivent pas perdre. Le triste résultat de la catastrophe du règne de Biya serait la mort du Cameroun. Pour l'esprit rationnel et l'avenir du Cameroun, c'est inacceptable. Le triste résultat de la catastrophe des années au pouvoir de Biya serait la mort du Cameroun.

Peut-être pour un peu plus longtemps, le spectre de vie qui représente le deuxième chef d'état Camerounais va continuer à hanter le peuple—traîtresse dans ses façons, impitoyable dans ses méthodes et nonchalant dans ses vues. C'est notre tâche inévitable, si ce n'est que pour le bénéfice de nos enfants, que nous nous levons, pour reprendre notre dignité, notre espoir et l'avenir de lui et de ses mécènes. Puis en suivant le cours naturel de l'histoire, nous limiterons lui et son héritage à la poubelle de l'histoire.

Janvier Tchouteu   28 Février 1995

Chapitre Cinq

Le Cœur Hanté de l'Afrique

Un spectre se profile dans la vie de tous les enfants Camerounais—les homme ou les femmes. C'est le président qui vit dans le pays au milieu de l'Afrique, la terre qui est souvent décrit comme le microcosme du continent. Le spectre, c'est président Paul Biya du Cameroun. Lorsque des rumeurs se répandent comme une traînée de poudre en Juin 2004 qu'il venait de mourir, il y avait des scènes de liesse répandues dans tout le demi-million de kilomètres carrés du territoire appelée Le Cameroun. Quelques jours après, il est rentré de l'étranger où il avait passé par intermittence environ six mois chaque année depuis plus de deux décennies, et il a ensuite déclaré aux sycophantes attendant de le recevoir à l'aéroport qu'il y aurait un... "Rendez-vous dans 20 ans avec ceux qui me veulent mort..."

Les Camerounais ne sont pas les seuls qui lui ont mécru lorsqu'il a fait cette déclaration, entre autres choses. Beaucoup de ceux qui suivent les développements politiques dans le monde en général et en Afrique et au Cameroun en particulier, étaient étonnés de son audace.

Après tout, plus de 80% de la population Camerounaise détestait son règne; il était déjà au pouvoir depuis plus de deux décennies comme le chef de l'État, après avoir été Premier Ministre du pays (1972-1982), ou comme la deuxième personne la plus puissante dans le système mis en place par la marionnettiste (La France). Mais Paul Biya a prouvé que tout le monde n'était pas correct de leur avis de lui. Il réalisera une autre mascarade électorale et se déclara vainqueur des élections présidentielles en Octobre de 2004, et puis il a modifié la constitution du Cameroun en 2008, pour lui permettrait de briguer a deux autres mandats présidentiels de 7 ans (malgré la mort de 150 Camerounais—qui ont proteste et qui ont été tuer, une tragédie causée par ses forces des armes), ce qui signifie qu'il pourrait être président jusqu'à l'année 2025 (un record de 43 années au pouvoir) quand il serait âgé de 92 ans. Au moment que Biya a tenu une autre mascarade appelée élection présidentielle en Octobre 2011, il avait déjà humilié avec succès les chefs de l'opposition qui sont reconnus au niveau international (les soi-disant leaders de l'opposition sont tous les anciens membres du parti unique du pays de 1972 à 1990, une partie que Paul Biya a dirigé depuis 1984), a promis de leur donner des positions dans son gouvernement, et il a fait savoir en termes clairs que le système et le marionnettiste (France) ne permettraient jamais un changement politique au Cameroun.

Le vieux de 81 ans, Paul Biya, est diversement décrite comme le Maradona (il simule et remporte les élections, tout comme Maradona a truqué et a marqué un but avec sa "Main de Dieu ") de la politique Camerounais et Africains, le maître de la parricide présidentielle (il dévorait son prédécesseur qui a remis le pouvoir à lui— menant à l'exile du premier président Camerounais Ahmadou Ahidjo, le conduisant à sa mort et son enterrement à l'étranger (le Sénégal), le président absent, le président vindicatif, le président mal, etcetera, etcetera.

Pendant son histoire comme une colonie Allemande depuis 1884-1916, le Kamerun a été considéré comme une « Perle d'Afrique » pour son économie robuste et le taux d'alphabétisation le plus élevé dans le continent. Malgré la période d'instabilité au cours de la guerre de libération qui a pris fin quand les maîtres de tutelle (la France)ont remet le pouvoir à ceux qui n'ont jamais demandé et n'ont jamais se sont battus pour le pouvoir (les marionnettes qui constituent le système impose sur le Cameroun, malgré la récupération de son agriculture et la découverte du pétrole dans les années 1970 qui a aidé le Cameroun à émerger comme le huitième plus grande économie de l'Afrique et la deuxième en croissance la plus rapide du monde au début des années 1980, le Cameroun est aujourd'hui dans une forme horrible. Les économistes s'attendaient l'économie Camerounais à croître vingt fois au cours des trente prochaines années, mais l'économie n'a pas réussi à doubler. Tout a changé après Paul Biya a été remis le pouvoir en Novembre 1982 par le premier président Français installé Ahmadou Ahidjo. Depuis lors, le Cameroun a connu le plus grand détournement des fonds publics (proportionnellement) à un rythme qui n'a jamais été vu en Afrique. En fait, le Cameroun de Paul Biya détient le record en tant que le pays en Afrique qui a connu le pire appauvrissement en temps de paix depuis 1960.

Aujourd'hui, Paul Biya est à la tête d'un pays où plus de 80% de ses médecins sont à l'étranger, où plus de 90 % de ses titulaires de doctorat sont à l'étranger, où les Camerounais investissent à l'étranger plus que chez lui, où les Camerounais votent contre le système avec leurs pieds; aujourd'hui, les voisins du Cameroun qui, auparavant, enviaient le pays en raison de ses niveaux de vie élevés et donc ont considéré le Cameroun comme un lieu de refuge et de possibilités, trouveraient maintenant que les Camerounais les envieraient car ils vont de l'avant avec un sens de l'orientation alors que le Cameroun est en retard dans sa spirale vers une déclin économique, sociale et politique qui est totale, complète et terrible.

Les gens qui sont peu familières avec la situation Camerounaise se demanderont pourquoi une telle situation catastrophique persiste au Cameroun. Eh bien; la réponse est simple. Le Cameroun se trouve aujourd'hui dans une situation comme quelqu'un dans un sable mouvant en raison du système anachronique mis en place par la France Gaulliste lorsque le général Charles De Gaulle est revenu au pouvoir en 1958 et a décidé de transformer les anciennes colonies et territoires de la France en membres de l'Organisation des Nations Unies (ONU de la France), tout dans le but de contrôler ces terres avec des cordes transparentes ou invisibles cette fois-ci. Le Cameroun Français et le Cameroun du Sud Britannique ont apparemment obtenu leur indépendance et la réunification, mais les gens ont trouvé que le nouveau pays est quasi-indépendant sous un modèle Français de contrôle diversement décrite comme la FrancAfrique. Le système a traumatisé, démoralisé, divisé et déshumanisé le peuple Camerounais au fil des ans.

Le système Gaulliste en place au Cameroun a été mis par les architectes de la politique Française en Afrique pour exclure les nationalistes qui militent pour la réunification et l'indépendance des territoires divisés de l'ex-Kamerun Allemand, du pouvoir politique. Donc, les union-nationalistes qui commandaient le soutien de plus de 80% de la population des deux territoires des anciens Cameroun Français et les Cameroun Britanniques ont été mis sur la touche dans la pose de la fondation du Cameroun. C'est pourquoi le système est un partenariat d'intérêt impérial Français en Afrique (économique et politique) autrement connu comme la FrancAfrique et ses collaborateurs Camerounais (les renégats et les antinationalistes qui n'ont jamais été opposé et qui n'ont jamais remis en question mainmise néocoloniale du Cameroun par la France).

Le système a été efficace en infectant les esprits de beaucoup de Camerounais; le système à réduire les Camerounais à un état de désespoir et les attire de diriger leur énergie non pas au régime Biya et le système, mais à leurs voisins. Le système a élevé avec succès la corruption et la stratégie de "diviser pour régner" en un art—le system a promu la notion de colons et indigènes; le system a encouragé l'ethnocentrisme, le tribalisme, le clanisme, le chauvinisme régional, le sectarisme et d'autres formes de division. Nous voyons une absence totale et complète de la planification stratégique ou même tactique quand il s'agit de développement économique et social de la nation. Nous voyons une absence totale de solidarité sociale.

Pour aggraver la division et la confusion parmi les gens qui rejettent le régime de Paul Biya et le système imposé par la France , les soi-disant leaders de l'opposition que les Camerounais qui aiment la liberté avaient regardé comme leurs sauveurs, ont été absorbée dans le système, laissant ainsi le peuple Camerounais en difficulté afin qu'ils se méfient des politiciens maintenant. Nous voyons aujourd'hui que le RDPC / le régime de Biya et la soi-disant opposition sont les deux faces d'une même pièce (le système que la France a imposé au Cameroun autrement appelé l'establishment politique Camerounais). En ce moment, les Camerounais piétinés sont dans un état de léthargie politique.

Lorsque Paul Biya a fait un appel pour la tenue d'élections sénatoriales en Avril 2013, dix-huit ans après son parlement a promulgué une loi pour créer le Sénat; la plupart des Camerounais pensé que ce serait une autre mascarade, comme d'habitude. Il n'y avait aucune raison pour que les soi-disant partis de l'opposition avec un semblant de représentation au parlement pour glorifier la mascarade avec leur participation. La plupart des Camerounais connaissaient que le système soutenait financièrement ces soi-disant dirigeants de l'opposition et que certains d'entre eux étaient dans le gouvernement, mais les Camerounais n'ont pas été préparés pour la mesure dans laquelle ces politiciens étaient prêts à aller à insulter leur intelligence. Mais des accords entre le parti au pouvoir et l'opposition ont été faits. La mascarade électorale a eu lieu et les gens ont vu le parti au pouvoir campagne pour le soi-disant parti d'opposition principal Front Social Démocrate (*Social Democratic Front---SDF*) dans certaines régions du pays, tandis que le SDF dans les mots de son président John Fru Ndi "... un service en vaut un autre ... ", a ouvertement soutenu le parti au pouvoir, assurant ainsi sa victoire dans d'autres régions du pays.

Comment cela pourrait-il pu se produire?

Les Camerounaises, un peuple, qui ont été choqués politiquement se demandent depuis la fornication ouverte entre le parti au pouvoir et les soi-disant partis politiques de l'opposition en Avril 2013.

Pour éviter le chaos et pour assurer que le pays va avoir un successeur de Paul Biya dans une manière lisse ou douce, les porte-paroles et les apologistes sans scrupule du leader du SDF murmurent discrètement. Paul Biya a fait un accord avec le SDF de remettre le pouvoir à un de ses membres, des voix anonymes au sein du SDF font écho.

Si vous me demandez, ma réponse est claire. Ce qui devait être une révolution Camerounaise qui a commencé le 26 Mai 1990, est devenu une comédie politique jouée par les anciens membres du système, une comédie politique qui a complété le cercle. Le vent du changement généré par les politiques de Glasnost et de perestroïka de Mikhaïl Gorbatchev qui ont emporté les régimes autoritaires en Europe de l'Est et en Afrique, et qui ont agité la grande majorité des Camerounais dans les années 1990 pour qu'ils aient risqué leur vie dans les rues pour exiger un changement politique, a été effectivement contrôlé par le système. Le désir de changement que plus de 80% des Camerounais avaient, a été détourné par le système autoritaire au Cameroun et les soi-disant dirigeants de l'opposition. Les différents peuples Camerounais ont été pris pour un tour.

La plus grosse erreur commise par les Camerounais, c'est que quand la clameur de changement a commencé, ils ont suivi les Camerounais qui n'avaient pas eu la légitimité politique comme les dissidents ou comme les gens qui étaient contre le système. Les peuple Camerounais ont suivi les gens qui à peine un an avant, étaient dans les échelons supérieurs du pouvoir dans le système, mais qui à l'époque ont affirmé qu'ils avaient quitté le parti au pouvoir et que maintenant ils opposent le système. Tous les soi-disant chefs de ce que le monde sait aujourd'hui comme les partis d'opposition proéminent au Cameroun (John Fru Ndi du SDF, Bello Bouba Maïgari de l'UNDP, Ndam Njoya de l'UDC, etc.) étaient membres du parti au pouvoir jusqu'à l'année 1990, lorsque le système a été contraint d'accepter le multipartisme au Cameroun. Comme le joueur de flûte, ces soi-disant dirigeants de l'opposition au Cameroun ont attiré les peuple Camerounais vers la léthargie politique et vers le découragement. Un tel exploit a été réalisé parce que les Camerounais libéraux, les -nationalistes, les révolutionnaires, les démocrates et les patriotes qui avaient toujours rejeté le système, pensaient que ces soi-disant chefs de la nouvelle opposition, ces gens qui ont été les premiers à faire les mouvements de créer des partis politiques, partagé la vision du «Cameroun Nouveau " que les Camerounais se sont battus, sont morts et ont voté pour, une vision qui a réalisé la réunification et l'indépendance de la plupart de l'ancien Kamerun Allemande (une indépendance qui n'a jamais été réel car il s'est usurpé par le système mal qui est aujourd'hui sous la direction de Paul Biya et ses marionnettistes Français). Malgré le revers, cette vision réalisera la démocratie, la liberté, le libéralisme, le progrès, la justice, l'égalité et le développement.

Fausses sont les déclarations des membres de l'opposition compromisé que s'ils n'avaient pas ouvertement embrassé le régime de Paul Biya et le système, ce serait le chaos au Cameroun au cas où Biya quitté la scène politique. La déclaration est fausse parce que le système au Cameroun est autoritaire, pas autocratique.

Les régimes autoritaires sont généralement recouverts avec une idée sublime qui pourrait être politique (comme Stalinisme/Marxisme/Communisme, fascisme etc.) ou qui pourrait être religieux (comme la théocratie Iranien et la règne de Taliban théocratie etc.) ou qui pourrait être un arrangement pour sauvegarder un intérêt (FrancAfrique). Au Cameroun, le système est construit autour de la prévention de ceux qui croient en la lutte Camerounais (les union-nationalistes, autrement dit les Kamerunistes) d'atteindre le pouvoir. Le système au Cameroun est une collection de groupes d'intérêts particuliers, qui unissent les propagateurs de néo-colonialisme Français et leurs collaborateurs Camerounaises. Paul Biya est à la tête des collaborationnistes. Et à bien des égards, il a agi au fil des ans comme un président absent. Pendant ce temps, l'état a fonctionné d'une manière d'un zombie pendant sa quasi-présence. Bien que l'agencement mortifiant convient les intérêts des marionnettistes et des bénéficiaires du système, l'arrangement a exposé le système à des soulèvements populaires parce que, ça signifie que les bénéficiaires du système ne sont pas clairement ou fonctionnellement organisé. Avec l'avènement des médias sociaux, la mondialisation, la maturité des générations post-indépendance qui n'a jamais bénéficié du système; et avec les soldats de la phase de la lutte des années 1990 qui se dissocient des dirigeants de la soi-disant opposition, le système autoritaire se trouve aujourd'hui encore plus vulnérables. Le système autoritaire serait confronté par une nouvelle force politique qui ne s'est jamais associé au système, une nouvelle force politique qui incarne l'esprit du vingtième siècle de la lutte pour "DIE NEUARTIG KAMERUN" ou "LE Cameroun NOUVEAU" qui a confronté le contrôle colonial d'Allemand pendant les premières années du siècle dernier, une lutte qui a confronté la duplicité Française dans le pays dans une guerre qui a décimé plus de la moitié d'un million des citoyens Camerounais; le système autoritaire serait confronté par une nouvelle force qui embrasse l'héritage de ceux qui ont combattu et ont voté pour l'indépendance et la réunification du Cameroun. Cette nouvelle force rejette toutes les valeurs du système que la France a mis en place pour contrôler le destin de Cameroun, un système vieux et mal de six décennies, qui ne peut que mener le pays en abîme.

Maintenant que les collaborateurs ouverts et cachés du système s'embrassent ouvertement (le parti au pouvoir et les soi-disant chefs des partis dits d'opposition) à partir de la récente mascarade sénatoriale, le système encourage la création de groupes d'élite de bénéficiaires qui voient ou pensent que leur survie politique et économique repose seulement sur la continuation ou la subsistance du système. Nous observons le développement d'un système capable qui supprime toute prétention du pluralisme politique limité; nous observons l'enracinement d'un système qui considère ouvertement les peuples Camerounais comme son ennemi numéro un. Un tel système devient alors autocratique.

En un mot, les soi-disant partis politiques d'opposition du Cameroun qui sont en symbiose avec le système autoritaire sont complices du système impose par la France sur les peuples Camerounaises, dans sa transition progressive vers un système autocratique, assurant ainsi sa survie sous une forme morphée. Ce système qui change rapidement à besoin d'un homme fort pour être vraiment autocratique. Ce serait quelqu'un qui a les mains sur le travail d'agir en tant que président, quelqu'un que les marionnettistes Françaises souhaitent présenter comme le despote bienveillant.

C'est la responsabilité de Camerounais des générations des 'après-indépendance' à rejeter quelle que soit la farce que le système présentera comme le changement n'importe quand le pouvoir de l'Etat passera à la génération d'après Paul Biya. En absorbant les anciens membres de son parti qui, depuis des décennies, se sont identifiées avec l'opposition, Paul Biya tente de donner aux peuples

Camerounais et le reste du monde l'impression que l'opposition du Cameroun est en harmonie avec sa vision de l'évolution politique nécessaire pour le Cameroun. Malheureusement, le système n'a pas l'intention de laisser la majorité des Camerounais pour participer ou d'avoir un mot à dire sur l'évolution politique du Cameroun.

Le Cameroun Nouveau sera fondé. Pas par les bénéficiaires du système (passé et présent), mais par ceux qui ont toujours rejeté la mafia politique Camerounais comme un mauvais système imposé par la France qui a été conduit Cameroun en abîme.

Mais alors, à la fondation du Cameroun Nouveau, les Camerounais patriotique, impartial, honnêtes, progressistes et démocratiques, auraient à réconcilier un pays où:

- Le système impose par la France a fait en sorte que la plupart de ses figures historiques qui ont consacré leur vie et qui sont même morts pour la cause de la réunification et l'indépendance du Cameroun ont été tués et enterrés comme des chiens,

- Les corps de certains de ces personnages historiques qui se sont enterrés à l'étranger sont absents,

- Quelques-uns des personnages historiques qui ont pensé qu'ils pourraient contribuer à la consolidation de la nation ont été mis à l'écart, intimidé et humilié par le système,

- Son premier chef d'État est mort et est enterré à l'étranger,

- Et où les gens ont été insultés pendant plus de cinq décennies par les régimes d'Ahmadou Ahidjo et de

Paul Biya en utilisant un système imposé par la France , un système rejeté par la grande majorité des Camerounais, un système qui a semé les graines de la division, de la corruption, de la médiocrité, de la peur et du découragement qui hantent le Cameroun aujourd'hui.

Les idéaux du Cameroun Nouveau qui ont été ourdi par les nationalistes historiques du pays et au fil des ans par les Kamerunistes (les union-nationalistes) post- indépendance sont la seule chance ou espoir pour l'avenir du Cameroun. Le Cameroun Nouveau est le seul noyau autour duquel le Cameroun peut se réconcilier avec son passé turbulent; c'est le noyau que toutes les couches de la société Camerounaise peuvent se connecter dans le processus de construction de la nation; c'est le seul noyau autour duquel un Cameroun libre, démocratique, libérale, juste et prospère peut-être construit. Le Cameroun Nouveau conduirait le pays à prendre sa place méritée dans la région de l'Afrique Centrale, l'Afrique dans son ensemble et le monde en général. Cela ne serait possible que si nous limitons l'héritage des régimes d'Ahmadou Ahidjo et de Paul Biya qui incarnent le système suffocant que la France a imposé au Cameroun. Pour réaliser ce but, on doit jeter le système à la poubelle de l'histoire.

Janvier Tchouteu   *06/04/2013*

Chapitre Six

La Terre qui Défie la Logique: Cameroun, Paul Biya et la Mafia politique Franco-Camerounaise qui le Maintient au Pouvoir

Un suivi attentif des tendances économiques Camerounaises et mondiales au cours des trois dernières décennies a révélé un fait non altéré et persistant qu'aucune personne consciencieuse—si Africaine, si Camerounaise, si altruiste ou autre ne serait indifférente au sujet après avoir été portée à son attention. Au cours des cinq dernières décennies, le système imposé par la France a mis à genoux ce qui était autrefois la terre la plus prometteuse d'Afrique et érodé son sens de l'orientation, et le plaçant sous le contrôle de la pire mafia politique du continent.

Le PIB du Cameroun au fil des décennies a montré que le régime Biya est la seule entité gouvernementale au monde « qui devient populaire et gagne les élections avec des glissements de terrain chaque fois que l'économie nationale est en récession ». La *chutzpah* du régime de Biya défie la logique au point où l'administration fabrique des victoires aux élections, même à un moment où le Cameroun est classé comme le pays le plus corrompu du monde.

Compte tenu des décennies d'inflation, du plus que doublement de la population nationale, etc., ce qui devient évident, c'est que le Camerounais moyen vit avec moins de trente pour cent (30%) du PIB réel par habitant de son compatriote il y a deux décennies et demie. La pauvreté est plus importante aujourd'hui qu'elle ne l'était avant l'indépendance. De plus, nous sommes l'un des rares pays d'Afrique et du monde à n'avoir aucun sens de l'orientation. Les raisons sont évidentes. Le système est anachronique. C'est une fausse structure d'argile qui ne peut pas être réformée. Il ne promet que la catastrophe.

Les Elections Législatives et Présidentielles depuis le Retour de la Politique Multipartite au Cameroun en 1990

Type d' Élection /Année	% de Victoire de Paul Biya	Partie au pouvoir (RDPC) "% de Victoires"/- No de Sièges	Nombre de Candidats ou de Partis avec des Sièges
Élection Parlementaire, 1992		88 Sièges (45.5 %)	4
Election Présidentielle, 1992	40%		6
Élection Parlementaire, 1997		109 Sièges (61%)	7
Election Présidentielle, 1997	92.57%		7
Élection Parlementaire, 2002		149 Sièges (83%)	5
Election Présidentielle, 2004	70.92%		16
Élection Parlementaire, 2007		153 Sièges (85%)	5
Election Présidentielle, 2011	77.99%		23

Produit Intérieur Brut du Cameroun (PIB) entre 1980 et 2017 (1 000 Dollars—$): Le réel et les estimations du Fonds monétaire international (FMI). Produit Intérieur Brut du Cameroun (PIB) entre 1980 et 2017 (1 000 Dollars—$): Réel et estimations du FMI. Cameroun Produit intérieur brut (PIB) entre 1980 et 2017 (1 000 000 $): Le réel et estimations du FMI.

Pays	1980	1981	1982	1983	1984	1985	1986	1987	1988	1989
Cameroun	7,649	8,665	8,310	8,376	8,853	9,246	12,052	13,960	14,176	12,640

Pays	1990	1991	1992	1993	1994	1995	1996	1997	1998	1999
Cameroun	12,654	14,109	12,931	13,492	8,912	9,036	10,335	10,343	9,875	10,424

Pays	2000	2001	2002	2003	2004	2005	2006	2007	2008	2009
Cameroun	10,046	9,497	10,888	13,630	15,784	16,593	17,957	20,433	23,732	22,194

Pays	2010	2011	2012	2013	2014	2015	2016	2017	2018
Cameroun	22,468	25,759	25,538	27,482	29,283	31,137	33,258	35,596	8,521

Les années d'élection sont surlignées en jaune.

Paul Biya, le chef de l'État camerounais qui a été mis au pouvoir par le président Français François Mitterrand en 1982 après que le Français a manipulé l'ancien président camerounais Ahmadou Ahidjo pour qu'il cède le pouvoir à Biya, qui était à l'époque le Premier ministre d'Ahidjo, s'est fait le vainqueur de pseudo-élections afin de renouveler son mandat présidentiel. Il organise ces fausses élections pour légitimer son règne, ce que ses soutiens occidentaux (maîtres de marionnettes) valident en reconnaissant sa victoire dans ces élections simulées. Est-il aveugle au fait que le monde sait qu'il est détesté par le peuple camerounais ; ou est-ce un cas extrême de chutzpah car il s'accorde des pourcentages de victoire plus élevés à chaque élection suivante, même si l'économie a décliné de manière persistante, en particulier vis-à-vis des économies des pays voisins et du reste de l'Afrique?

En un mot, la population du Cameroun a plus que triplé depuis que Paul Biya est devenu chef de l'État en 1982, mais le produit intérieur brut n'a même pas quadruplé. Et compte tenu de l'inflation qui a plus que quadruplé au fil des ans, on constate que sous Paul Biya, le niveau de vie des Camerounais a baissé et que leur pouvoir d'achat réel et leur revenu par habitant ont diminué de plus de moitié.
Les années électorales sont surlignées en jaune.

Samedi 11 Juin 2016   *Janvier Tchouteu*

PARTIE II

Le Cameroun et l'Irrédentisme dans le Cameroun Anglophone (l'ancien Cameroun du Sud Britannique—*the former British Southern Cameroons*)

Chapitre Sept

L'Unité du Cameroun et les Espoirs, les Rêves et les Peurs des Kamerunistes (Union-Nationalistes du Cameroun)

Aujourd'hui, les union-nationalistes du Cameroun sont des révolutionnaires pragmatiques, sont des réformateurs progressistes ou sont des évolutionnistes radicaux. Ce sont des hommes et des femmes qui ont grandi en étant ce qu'ils sont plus comme une confection de circonstance que de ce qui leur a été donné par la naissance qui leur a donné une identité sociale. Ces personnes ont beaucoup développé ou ils n'ont pas supprimé leur contact humain. Contrairement à la plupart, ils ne trouvent pas facile de vivre sans le moindre spasme en ce qui concerne les douleurs et la souffrance de leurs compatriotes. Contrairement à la plupart, ils ont mis leurs objectifs bien au-dessus des considérations personnelles et même au-dessus de leur intérêt personnel—une qualité rare. En s'attardant sur leur sens de l'humanité, ils considèrent l'allègement des douleurs, des tourmentes et des cauchemars de leurs compatriotes au-dessus de l'allégement de leur bien-être personnel. C'est en raison de leur humanisme total et de leur profonde conscience de la réalité Camerounaise qu'ils ont accepté le fait que la tâche exigeante de l'allégement ne peut pas être basée sur des individus qui sont si nombreux et complexes comme des entités séparées. Les union-nationalistes Camerounais sont parfaitement conscients du fait que la tâche d'allégement devrait être pour tout le peuple Camerounais. Ils savent que les Camerounais ont été déshonorés, opprimés et traumatisés en masse et non séparément.

Permettez-moi d'appeler les types qui dans notre histoire s'appellent les union-nationalistes du Cameroun, les Camerounaises avancés. Ces groupes exceptionnels de patriotes, qui ont été façonnés par les circonstances et qui ont une perception claire du sens de la vie, n'ont jamais été autorisés au gouvernail de pouvoir dans la vie politique du pays. Avec des origines légendaires et un passé horrible, ils sont le meilleur reflet du Cameroun lui-même. Les union-nationalistes Camerounais sont conscients des sentiments tribaux, ethniques, religieux, culturels et linguistiques; cependant, ils n'ont pas permis à ceux-ci d'aveugler et de submerger leur raisonnement pour un Cameroun progressiste. Ils sont conscients du fait que la maladie chronique du Cameroun réside dans ses institutions anachroniques, une domination totale de la France et un leadership oligarchique détachée. Ce sont les différents sentiments et fonctionnements du système imposé par la France qui ont façonné les différents Camerounais à des degrés divers et les contraignent dans leur quête d'un changement et d'un progrès authentiques. Cependant, les union-nationalistes du Cameroun dans leurs idéaux avancés sont ces compatriotes exceptionnels qui se sont détachés des défauts du système et des sentiments aveuglants des liens tribaux, ethniques, religieux, culturels, linguistiques et sociaux. Ils représentent la quintessence du Camerounais renouvelé.

Depuis que le territoire connu comme le Kamerun est devenu une entité géopolitique distincte sous la domination coloniale Allemande il y a onze décennies, le Cameroun a parfois conçu des mouvements de libération qui auraient fait avancer la nation dans une meilleure position si ces forces civiques-nationalistes avaient réussi dans leur cause.

En 1910, Martin Paul Samba (Mebenga Mebono), le premier dirigeant nationaliste-civique Kamerunaise, réalisa que le progrès et la gloire de la terre reposaient davantage dans un avenir dépourvu de contrôle colonial et imprégné de concepts progressistes Camerounais. Il a commencé l'un des premiers mouvements de libération en Afrique et le premier en Afrique noire. Cependant, le temps et le destin l'ont coupé court dans sa campagne pour rassembler le plein appui des peuples de Kamerun. Quand l'armée coloniale Allemande l'a acculé près d'Ebolowa en 1914, il a opté pour la reddition plutôt que de faire face au massacre de son peuple. Le 8 Août 1914, Martin Paul Samba fut exécuté, un jour après l'exécution de Rudolf Duala Manga Bell, son ami proche et allié . Ce fut le premier traumatisme du nationalisme-civique Camerounais dans les mains de l'armée coloniale Allemande, menant à la défaite de cette idée unifiant dans la première phase de la lutte Kamerunaise et à la dormance de son nationalisme pour les années à venir. Ce fut un traumatisme si profond que, même après que les forces Britanniques et Françaises eurent vaincu l'armée Allemande au Kamerun en 1916, aucune force nationaliste-civique n'est apparue pour défendre le territoire contre la partition par les puissances européennes victorieuses.

Cette partition du Kamerun entre le Cameroun Britannique et le Cameroun Français et la règle impérative qui en découla se traduisirent par des conséquences d'une perturbation des liens économiques, politiques et culturels passés, ainsi que de leur utilisation résultante. De plus, ce sont les insuffisances de la partition et les bouleversements qui hantent aujourd'hui l'unité du Cameroun . L'imposition d'administrations séparées Anglaises et Françaises sur le territoire, comme convenu dans la formule du mandat, n'a créé que des systèmes qui avaient peu de points communs avec les expériences précoloniales et qui étaient déconnectés de la réalité Camerounaise de l'époque.

Oui, c'est en raison de cette partition regrettable que le nationalisme-civique Camerounais a été ravivé trois décennies plus tard, avec un contenu unifiant cette fois-ci dans la quête des Camerounaises de réunir le Cameroun Britannique et le Cameroun Français. Le nationalisme-civique Camerounaise est devenue l'union-nationalisme Camerounais. La campagne a commencé au Cameroun Français en 1948 sous l'UPC (Union des populations du Cameroun) et s'est étendu au Cameroun Britannique où OK ((One Kamerun) et le KNDP (Kamerun National Democratic Party) l'ont défendu. Les objectifs des union-nationalistes Francophones et Anglophones dans les années 1950 devaient réunir les deux territoires et poursuivre l'ultime Rêve Camerounais d'un "CMAEROUN NOUVEAU". C'était envisagé que le Cameroun Nouveau ferait:

- Construire un véritable ethos bilingue.
- Combler la disparité dans le développement des secteurs Anglophones et Francophones.
- Travailler pour l'évolution d'un nouveau peuple Camerounais à partir des différents types de pensées et d'actions de ses enfants Francophones et Anglophones.
- Et créer une nation Kamerunaise qui est démocratique, libérale, libre, progressiste, unie, forte et développée.

Les principaux exposants de ce rêve Camerounais étaient Ruben Um Nyobè, Félix Moumié, Albert Kingué, Ernest Ouandié, Léonard Bouli, Etienne Libaï, Osendé Afana, Ndeh Ntumazah, Albert Mukong et John Ngu Foncha. La majorité des Camerounais avait du respect pour ces légendes de leur temps dans la lutte pour réaliser le rêve Camerounais proposé par Martin Paul Samba.

Imaginez ce que le Cameroun aurait été aujourd'hui si ses combattants de la libération et les union-nationalistes n'avaient pas été empêchés d'arriver au pouvoir et s'ils avaient été laissés libres pour construire le Cameroun après le réunification et l'indépendance. Ce n'était jamais le cas. La France était déterminée à ne jamais lâcher son contrôle sur le Cameroun, sa perle Africaine. L'imposition par la France du système qui persiste aujourd'hui au Cameroun et l'installation du régime des marionnettes Ahidjo ont consolidé le complot Français qui a précédé l'interdiction de l'UPC en 1955, qui a déclenché une guerre de libération contre la France.

Cette guerre impitoyable de dix ans, pour éliminer tous les aspects de l'influence de l'UPC dans le pays, une campagne génocidaire qui a vu la mort de près d'un million de Camerounais dans les mains des forces Françaises et l'armée Camerounaise qu'ils ont créée et laissée sous le commandement d'Ahmadou Ahidjo. Cette guerre de libération a pris fin avec la défaite effective des union-nationalistes Camerounais, ou plus précisément l'UPC, dans la deuxième phase de la lutte Camerounaise pour l'indépendance et ses attributs tels que la démocratie, l'illumination, le progrès et le développement. Ruben Um Nyobè, Félix-Roland Moumié, Osendé Afana, Ernest Ouandié et plusieurs autres membres de la direction de l'UPC ont été éliminés et les autres ont été chassés en exil ou réduits à la capitulation par l'armée Française et le régime fantoche mis en place au Cameroun sur le commandement d'Ahmadou Ahidjo. C'est la mort, l'exil et la capitulation des dirigeants de la deuxième phase de la lutte Camerounaise et la complaisance béate du peuple Camerounais qui ont déclenché la maladie infantile du Cameroun, une maladie qui a remplacé les espoirs d'un rêve par la peur et le désespoir.

Imaginez ce que serait devenu le Cameroun si les union-nationalistes Anglophones et Francophones avaient réalisé la réunification, l'indépendance et la gouvernance. Si cela avait été le cas, les choses suivantes seraient arrivées:

- Le Cameroun Nouveau aurait été né avec une fondation authentique et solide.
- Les Camerounais auraient réalisé la plupart des rêves de l'union (les objectifs de la réunification et de l'indépendance).
- La poursuite de la guerre de libération de l'UPC contre l'armée Française persistante au Cameroun et l'armée Camerounaise post-indépendantiste des Francophiles (pseudo-nationalistes) aurait été évitée.
- Alors, la mort de près d'un million de Camerounais aux mains d'Ahidjo et des troupes Françaises n'aurait pas eu lieu, un génocide cauchemardesque qui continue de hanter les Camerounais. Ces décès ont donné aux Camerounais un sentiment de scepticisme, de cynisme, de découragement, de trahison, de malhonnêteté et d'égocentrisme; et les a traumatisés dans un état de léthargie politique.
- Et les héritages pressants de la partition ne seraient toujours pas aussi flagrants qu'ils le sont aujourd'hui.

Aujourd'hui, la plupart des Camerounais s'accordent à dire que les obstacles humains au renforcement de la nation résident dans le fait que la réunification et l'indépendance ont été réalisées par des union-nationalistes Anglophones bien intentionnés pensant qu'ils avaient de véritables partenaires avec le régime d'Ahmadou Ahidjo, qui était en réalité une machine politique mercenaire mise en place par la France pour gérer le système néocolonialiste et fasciste que la France avait mis en place au Cameroun, un système qui existe aujourd'hui. Les union-nationalistes Anglophone ont engagé le régime Francophile Ahidjo qui avait peu de respect et peu de connaissant les aspirations Anglophones et le rêve collectif du peuple Camerounais (les objectifs de réunification et d'indépendance). Ahidjo a été mis au pouvoir pour défendre les intérêts de ceux dans l'establishment politique Français, ses collaborateurs et son ego. Il était prêt à le faire à tout prix. Oui, c'est cet héritage de rétention de pouvoir, d'oppression et de division que le régime de Paul Biya a hérité et qu'il renforce de façon excessive, sans vergogne et sans scrupule, afin de maintenir sa mainmise sur le pouvoir. Oui, le régime honteux d'Ahidjo a trahi le rêve de la réunification et de l'indépendance et a conçu le virus de la méfiance, de la désintégration et de la malhonnêteté que le régime de Biya a proliféré pour étouffer le Rêve Camerounais chéri et tuer la naissance du "Camcroun Nouveau". C'est un virus qui a presque érodé notre esprit dynamique et nos valeurs progressistes, nous laissant avec le spectre imminent du découragement qui menace de condamner le Cameroun.

L'esprit de réunification et son rêve universel ont été les facteurs dominants dans nos vies politiques avant la quasi-indépendance / réunification de la plupart des territoires qui sont sortis du Kamerun Allemand suite à sa partition par la Grande-Bretagne et la France. Néanmoins, c'est la communauté Anglophone dirigée par les union-nationalistes Anglophones qui a réalisé la réunification. Le rôle des union-nationalistes Anglophones est le plus patriotique à avoir été réalisé et toute la force de l'Union-Nationalisme Camerounais tient les gens de l'ancien Cameroun du Sud Britannique *(British Southern Cameroons)* hautement pour cela. Pourtant, le rêve Camerounais ultime, qui est la responsabilité des Camerounais Anglophones et des Camerounais Francophones, n'a pas été réalisé. La responsabilité de ce revers repose entièrement sur l'establishment politique que la France a imposé au Cameroun, les régimes mercenaires et Francophiles d'Ahmadou Ahidjo et de Paul Biya, qui regorge de collaborateurs dont la majorité sont des Camerounais Francophones et dont la minorité sont des Camerounaise Anglophones. Ce qui est malheureux, c'est que la communauté Anglophone a été la plus trahie. Cependant, nous devons être honnêtes avec nous-mêmes en acceptant le fait que tout le peuple Camerounais a été trahi par le système imposé par la France et que, de différentes manières, nous avons aussi contribué au succès des régimes imposés par la France.

Aujourd'hui, presque trois décennies se sont écoulés depuis la résurgence de l'union-nationalisme Camerounais. Cependant, les années de léthargie hantent encore le peuple Camerounais. Les questions maintenant sont:

- Doit-on laisser mourir le Rêve Camerounais?
- Faut-il laisser les croyances réalistes de la majorité des Camerounais pendant près d'un siècle de se terminer comme un illusion parce que la France et

ses complices Camerounais—antipatriotiques et antinationalistes ne les chérissent pas?

- Doit-on permettre au Cameroun de se désintégrer et doit-on 'échouer le mouvement légendaire pour le réunification et l'indépendance qui a reçu une réponse positive lors du plébiscite de 1961 par les Camerounais du Cameroun du Sud Britannique et vaillamment combattu par la majorité des - Camerounais de l'ancien Cameroun Français, simplement parce qu'une une minorité perfide de l'établissement imposé par la France ne se soucie pas de notre plus grand héritage?
- Doit-on laisser le désespoir submerger notre rêve centenaire et nous-mêmes?
- Devrions-nous trahir nos légendes et héros déchus parce que le prix pour rejeter le système imposé par la France est trop élevé?

Non! les union-nationalistes du Cameroun ne le feraient pas. Ils ne trahiraient pas leurs ancêtres, leurs rêves, leurs héros, leur histoire de résistance et eux-mêmes.

Les Camerounais ne se rendraient pas au découragement. Ils continueraient la lutte contre les influences politiques oppressives et exploitantes au Cameroun sous l'apparence du système politique actuel. Ils continueraient sans relâche dans la lutte pour éliminer les aspects destructeurs des années de partition et des régimes régressifs des Ahidjo/Biya.

Les Camerounais ne capituleront jamais dans la lutte contre le système anachronique imposé par la France et le régime de Paul Biya. Ils sont déterminés à continuer dans la lutte pour éradiquer le désespoir décourageant, la division, le cynisme, la malhonnêteté et l'égocentrisme qui ont saisi l'âme autrefois Camerounaise. C'est la volonté des union-nationalistes.

Ils sont déterminés à continuer à hisser le drapeau de la lutte Camerounaise à une conclusion logique. Cet engagement n'est pas une question de mots. C'est une lutte difficile, exigeante et désintéressée - une tâche exigeant des actions, des sacrifices et de la constance. Si nous sortons tous de notre léthargie politique et rejoignons la cause, tout sera bientôt gagné; et nous ne regretterions pas que nous ayons échoué à sauver notre nation de la désintégration. Cela ne peut être accompli qu'après que nous ayons abandonné nos attitudes égocentriques et banni les héritages négatifs de la partition et leaderships déshumanisantes d'Ahidjo/Biya à la poubelle de l'histoire.

Le 4 Novembre 1994   *Janvier Tchouteu*

Chapitre Huit

Le Problème Minoritaire Numéro 1 du Cameroun

Indépendamment de la manière dont le problème inéluctable du Cameroun est présenté par ses défenseurs, indépendamment à qui ces défenseurs dirigent leur feu, indépendamment à quel point certains défenseurs d'une solution du problème inévitable sont honorables ou déshonorants, indépendamment de ce que la cause (difficile à définir) promet à sa réalisation, la vérité est que le problème de minorité numéro un au Cameroun est la situation difficile des peuples à l'ouest de la Rivière Mungo (sud-ouest Kamerun Allemand, l'ancien Cameroun Méridional Britannique, Cameroun de L'Ouest, les provinces du Nord-Ouest et du Sud-Ouest, ou ce qui est aujourd'hui les régions du Nord-Ouest et du Sud-Ouest). Le problème a été causé par la mauvaise volonté ou la mauvaise foi du système maléfique imposé par la France (les régimes Ahidjo/Biya composé des Camerounais qui ne soutenaient pas la cause de réunification et d'indépendance), exacerbés par la docilité et l'incompréhension des Camerounais après leur défaite par le système maléfique; mais le problème serait résolu par les Camerounais des deux côtés du fleuve Mungo qui travaillent ensemble pour se débarrasser de notre cauchemar vivant (le régime de Biya et le système diabolique impose par la France qui est géré par des Camerounais qui sont les usurpateurs et les mercenaires des intérêts étranger).

Aucune entité linguistique (Francophones ou Anglophones, ou les différents groupes ethniques) n'est responsable du sort déprimant des peuples à l'ouest du fleuve Mungo. Le système minoritaire qu'est mal, et que la France a imposé au Cameroun et aux Camerounais; un système qui est rejeté par chaque groupe ethnique, par chaque province (région) et par chaque religion au Cameroun; un système dirigé aujourd'hui par Paul Biya en collaboration avec des criminels de tous les groupes ethniques, de toutes les provinces, de toutes les entités linguistiques et de toutes les religions; est ce qui étouffe les peuples à l'ouest de la Rivière Mungo en particulier et le reste des Camerounais en général.

C'est sur ces paramètres que nous, les Camerounais qui veulent démanteler le système anachronique imposé par la France, pouvons fonder le "CAMEROUN NOUVEAU" où tous les griefs de ses divers peuples peuvent être redressés. Nous pouvons seulement réaliser ça qu'en fermant nos rangs en tant que des victimes d'un système diabolique que nous n'avons jamais opté pour.

Samedi 11 Juin 2016   *JanvierTchouteu*

Chapitre Neuf

Quelle est l'Identité Camerounaise Anglophone?

Après avoir regardé un débat avec le redoutable journaliste Camerounais Franklin Sone Bayen et Joshua Osih (le vice-président du Front social-démocrate), avec les deux confrontés par un certain nombre de panélistes Camerounais Francophones, je ne pouvais pas m'empêcher de sortir découragés par un fait fondamental - Ces patriotes Camerounais, qui sont des nationalistes-civique Camerounais (Union-Nationalistes) de la partie Anglophone du Cameroun et qui déplorent la gestion du système anachronique que la France a imposé sur le Cameroun en 1960, notamment le traitement par le système des terres et des populations à l'ouest du fleuve Mungo (les régions des Nord-Ouest et Sud-Ouest ou Le Cameroun de l'Ouest auparavant, ou le Territoire sous tutelle le Cameroun Méridional Britannique—*British Southern Cameroons,* et ce qui était plus loin le Sud-ouest du Kamerun Allemand), ne pouvaient apparemment pas être compris dans leur brillante présentation du problème des Camerounais Anglophones.

Et ce qui était encore plus décourageant, c'est le fait que la plupart de leurs homologues savants ont été si souvent déconcertés et ont même manqué le point du débat sur les griefs des Camerounais à l'ouest de la Rivière Mungo.

Le CAMEROUN NOUVEAU serait capable de résoudre les problèmes fondamentaux du Cameroun, c'est certain, les problèmes fondamentaux dont le problème de la partie Anglophone du Cameroun est le Numéro 1.

Mais alors, quelle est l'identité Camerounaise Anglophone que les autres panélistes n'ont pas réussi à comprendre?

En un mot, ce qui unit les Camerounais Anglophones est une sorte d'identité nationale, un sentiment d'appartenance à l'entité géopolitique que sont les régions du Sud-Ouest et du Nord-Ouest du Cameroun (ancien Cameroun Britannique méridional et ancien Cameroun occidental), un sentiment particulier qui est né du partage d'une histoire commune, d'un langage commun (Pidgin Anglais / Anglais), d'une culture unique / similaire et d'un sentiment de marginalisation. Ce sentiment d'appartenance, aussi subjectif que cela puisse paraître, est nourri par les Camerounais Anglophones fondés sur leurs liens ancestraux avec la région, ou leurs liens natifs là-bas(nés dans le Nord-Ouest et le Sud-Ouest), et/ou en grandissant d'un jeune âge, ignorant ou à peine / avec difficulté conscient de toute autre identité. Une personne née et élevée à Banganté, Yaoundé, Douala, Mbouda, Edéa, Banyo et dans d'autres villes de l'ex-Cameroun oriental (région Francophone) et qui étudie dans ces lieux en Anglais ne développera peut-être pas cette conscience Camerounaise Anglophone ou sentiment d'appartenance. Cette identité Camerounaise Anglophone n'empêche pas une personne d'être un Union-Nationaliste Camerounaise (nationalistes-civiques Camerounais). En effet, la plupart des Camerounais Anglophones et la plupart des Camerounais Francophones sont des Union-nationalistes, contrairement aux pseudo-nationalistes qui composent l'establishment politique (les élites du RDPC et les élites des soi-disant partis de l'opposition—SDF, UNDP, UDC etc.) au Cameroun aujourd'hui, le régime imposé par la France remué hier par le régime Ahidjo et aujourd'hui par le régime de Biya; un système qui a des collaborateurs de toutes les religions, groupes ethniques ou tribus, régions du pays. Et en fait, les Camerounais Anglophones qui veulent un état séparé pour les terres à l'ouest de la rivière Mungo sont une minorité.

Les Camerounais ne devraient pas être alarmés par les manifestants dans les rues de Buea, de Bamenda et d'autres villes des régions du Nord-Ouest et du Sud-Ouest. Ce sont les voix infatigables des Camerounais patriotes qui rejettent le système imposé par la France, le régime de Biya et leur perception des Camerounais comme un peuple qui ne peut pas se libérer de la tyrannie. Les Camerounais des autres parties du pays devraient faire écho à cette voix de protestation et ressusciter la cause honorable pour fonder le "CAMEROUN NOUVEAU". Les Camerounais devraient tous s'unir indépendamment de la religion, de l'ethnie, de la tribu, de la région et d'autres intérêts spéciaux, puis avancer et démanteler ce système une fois pour toutes, afin que nous puissions commencer la tâche ardue de construire le pays que nos ancêtres se sont battus et sont morts pour, et pour lesquels ils ont voté, dans la lutte pour l'indépendance et la réunification. Nous avons l'opportunité de construire le Cameroun Idéal qui a rempli les rêves de Martin Paul Samba, de Rudolf Manga Bell, de Ruben Um Nyobè, de Félix-Roland Moumié, d'Osendé Afana, d'Albert Kingué, d'Ernest Ouandié, d'EML Endeley, de Ndeh Ntumazah etc. Ce serait une nation inclusive qui serait la lumière de l'Afrique, au lieu du mouton noir que le Cameroun sous Paul Biya et le système anachronique imposé par la France, est aujourd'hui.

Mercredi 30 Novembre 2016   *Janvier Tchouteu*

Chapitre Dix

La Résolution des Griefs de la Partie Anglophone du Cameroun, et la Fondation du "Cameroun Nouveau"

La désillusion, la frustration et la colère des peuples de l'Ouest de la Rivière Mungo (les anciens Camerounaises Britanniques du Sud de 1922-1961, les anciens Camerounaises Occidental de 1961-1972) —les natifs et ou les indigènes (les autochtones), en raison des mauvais traitement qu'ils ont reçu des mains du système usurpatrice (l'établissement), un système qui ne reflète pas le gouvernement postindépendance que leurs ancêtres avaient à l'esprit quand ils ont voté pour l'indépendance et le (ré)unification en Février 11, 1961 avec l'ancien Cameroun Français (qui est devenu la République du Cameroun—la République du Cameroun le Janvier 01, 1960), est réelle, ne devrait pas être prise à la légère et devrait être abordée d'une manière sérieuse. Le régime de Paul Biya, comme son prédécesseur, le régime de Ahidjo, et le système qui était imposé au Cameroun par la France-néocolonialiste, ont dans ses ensemble perdu tout sens Di la pertinence pour leur mauvaise gestion du projet du réunification et de l'indépendance, un résultat qui est à peine surprenant venant des gens qui ne se sont jamais battus pour, qui n'ont jamais campagne pour, et qui n'ont jamais soutenu la réunification et l'indépendance des terres de l'ancien Kamerun Allemand (les Cameroun Britanniques et le Cameroun Française).

Chaque occasion d'atténuer ou de résoudre les griefs des Camerounais Anglophones de l'Ouest de la Rivière Mungo devrait être saisie, même si les nationalistes-civiques du Cameroun (les Union-Nationalistes qui honorent nos ancêtres qui ont combattu, qui sont morts et qui ont voté pour la réunification et l'indépendance des terres de l'ancien Kamerun Allemand, estiment qu'une résolution optimale du problème Anglophone serait réalisé sous un "Cameroun Nouveau" où le système anachronique, que la France a imposé au Cameroun, a été complètement démantelé et où les objectifs initiaux de la réunification et l'indépendance seraient les pierres angulaire de la construction d'un Cameroun qui est progressif, libéral, libre, démocratique, juste et prospère.

Cependant, comme nous mis nos vues sur cette solutions optimales ou partielles, alors même que nous dénonçons l'établissement Français imposé au Cameroun, un établissement qui est composé des marionnettes Français et leurs collaborateurs issus de toutes les régions, toutes les groupes ethnique, toutes les religions, et des deux entités linguistiques; alors même que nous nous opposons à cet établissement dirigé et dominé au Cameroun par des groupes favorisée par la France néocolonialiste, nous devons toujours garder à l'esprit le fait que l'établissement est rejeté par la grande majorité des Camerounaises dans toutes les régions, les groupes ethniques, les religions et les entités linguistiques dans le pays. De cette façon, la lutte pour rétablir les droits du peuple de l'ancien Cameroun Occidental ne devient pas un conflit entre les Anglophones et les Francophones du Cameroun; de cette façon, un rejet du système ne signifie pas que les Camerounais tiennent les peuples Beti-Fang ou les peuples Foulani(Peul) responsables des horreurs des régimes de Paul Biya et d'Ahmadou Ahidjo; de cette façon, les griefs des Camerounais contre le contrôle sournoise de la France sur le Cameroun ne soit pas traduit en une perception de la France comme un ennemi, mais plutôt comme un pays avec le potentiel de devenir le meilleur ami du Cameroun, qui au chagrin de tous, a été mené par des gouvernements de mauvaise foi qui ont poussé le pays à ne pas devenir un véritable partenaire du Cameroun, une France qui n'a besoin que de tourner les choses et de réconcilier avec un peuple dont le cœur ouvert peut même accueillir la France comme une «Nation Frère».

Une telle perspective de fonder «Le Cameroun Nouveau» nécessiterait l'honnêteté, l'authenticité, et l'adhésion à des vérités historiques de toutes les parties impliquées dans le bourbier du Cameroun. Les marionnettes Françaises au Cameroun devraient cesser à présenter l'histoire déformée du Cameroun que les forces anti-Camerounaises dans les gouvernements de la France ont prodiguées pour eux de servir au peuple Camerounais, des récits anti-peuple et des plans d'ingénierie sociale destinés à laver le cerveau des Camerounaises à devenir ignorants de leur histoire et à devenir un peuple sans direction, des récits et des plans qui ont réussi à un lavage des cerveaux de beaucoup des Camerounaises pendant tant de décennies, mensonges qui dénigraient les sacrifices nobles et honorables que les nationalistes-civiques du Cameroun ont faits pour la réunification et l'indépendance du pays. Et même les Anglophobes et Francophobes, et même les nationalistes Anglophones et les nationaliste Francophones (minorités sur les deux côtés de la Rivière Mungo) qui ne chérissent les objectifs initiaux de la réunification et l'indépendance aurait besoin de cesser d'essayer de faire que les Camerounais Anglophones et les Camerounais Francophones deviennent des ennemis.

Ce n'est pas utile quand nous faisons des comparaisons du Cameroun, dont la situation est unique dans le monde, avec d'autres pays. Le Cameroun a encore le potentiel de devenir la fierté de l'Afrique ou la malédiction du continent. Le Cameroun Nouveau pourrait devenir le modèle autour duquel les Africains peuvent construire "La Afrique Nouvelle » de demain. Le Cameroun a ce qu'il faut pour devenir "La Lumière de l'Afrique". Nous ne devons pas permettre aux détracteurs de nous faire détourner de la source de cette lumière—l'Union-nationalisme du Cameroun défendue par nos nationalistes-civiques des temps de Martin Paul Samba et Rudolf Manga Bell.

Janvier Tchouteu					*30, Novembre 2016*

Chapitre Onze

Le Cas pour l'indépendance pour l'ancien Cameroun d'Ouest (l'ancien Cameroun Méridional Britannique) par Rapport aux Autres

Comme on a indiqué auparavant, le cas du Cameroun est unique dans l'histoire du monde. Dans le cas du Québec et de l'Érythrée, ils ont été incorporés au Canada Britannique et en Éthiopie respectivement comme des «trophées de guerre», par conséquent ils pourraient ou peuvent poliment sortir des réalités géopolitiques de ces pays (par plébiscite ou référendum dans le cas du Québec) ou ils pourraient se frayer un chemin hors du pays qui les occupait avec force (comme ce fut le cas avec l'Érythrée).

La Grande-Bretagne a simplement réuni le Soudan du Sud et le Soudan, deux entités qui n'avaient auparavant aucune histoire en tant qu'entité unique; et il a fallu des décennies de guerre et des millions de morts à la communauté internationale pour permettre un référendum qui a rendu possible au Sud-Soudan de se séparer. Et bien sûr, Zanzibar était un protectorat Britannique (un protectorat qui, en droit international moderne, est un territoire dépendant auquel on a accordé une autonomie locale et une certaine indépendance tout en conservant la souveraineté d'un plus grand État souverain.) Le Royaume-Uni n'a jamais accordé son indépendance à Zanzibar. Le Royaume-Uni a simplement mis fin au Protectorat et a pris des dispositions pour l'autonomie complète à Zanzibar en tant que pays indépendant au sein du Commonwealth. C'était le gouvernement révolutionnaire qui est arrivé au pouvoir un mois après l'indépendance de Zanzibar en renversant le monarque pro-Britannique qui a négocié une union avec le Tanganyika, formant un nouveau pays appelé la Tanzanie. Zanzibar aurait donc pu rester indépendant s'il le voulait. Le Cameroun du Sud n'a jamais eu cette option.

Le cas en Afrique que vous pourriez même avoir comparé à Cameroun Méridional Britannique était Somaliland Britannique. Les Somaliens, qui n'avaient jamais été unis auparavant, ont vu leur patrie encore plus divisée en trois territoires coloniaux somaliens (Somaliland Française, Somaliland Italienne et Somaliland Britannique) pendant la partition de l'Afrique, et le reste vues en tant que parties du Kenya (Nord-est du Kenya) et de l'Ethiopie (Ogaden). Le Somaliland Italien est devenu un Territoire sous tutelle Britannique, comme le Cameroun Britannique (Cameroun Septentrional Britannique—*British Northern Cameroons* et Cameroun Méridional Britannique—*British Southern Cameroons)* après la Seconde Guerre Mondiale, que la Grande-Bretagne administrait séparément de son protectorat Somaliland Britannique. Le Conseil législatif du Somaliland Britannique a adopté une résolution en Avril 1960 demandant l'indépendance et l'union avec le Somaliland sous tutelle Britannique (l'ancien Somaliland

Italien), qui devait obtenir son indépendance le 1er Juillet 1960. Les dirigeants du Somaliland Britannique et l'ancien Somaliland Italien s'est réuni et ont accepté de former un État unitaire. Cependant, la Grande-Bretagne a terminé son contrôle sur le Somaliland Britannique cinq jours avant la date d'unification prévue, de sorte que le territoire a été brièvement indépendant comme l'État de Somaliland avant de s'unir le 01 Juillet 1960 avec le Territoire sous tutelle du Somaliland (l'ancien Somaliland italien) établissant ainsi la République de Somalie (Somalie).

Curieusement, la descente de la Somalie dans le chaos qui en a fait un état d'échec pour donner suite à la sortie du pouvoir du président Siad Barre, à la guerre civile et à l'effondrement du gouvernement central, a permis à une entité géopolitique d'émerger en Mai 1991. Cette entité géopolitique s'appelle la «République du Somaliland» et se considère comme le successeur de l'ancien Somaliland Britannique ainsi que de l'État du Somaliland (l'éphémère état de cinq jours). Pourtant, aucun pays ou organisation internationale ne le reconnaît jusqu'à aujourd'hui. Et il y a encore beaucoup d'autres États indépendants qui ont sacrifié leur sang pour se séparer de l'Etat dominant dont ils faisaient partie: le Haut-Karabagh, la Transnistrie, la République populaire de Donetsk, la République Populaire de Lougansk et jusqu'en 2008 l'Abkhazie et l'Ossétie du Sud (Que la Russie et quelques pays ont reconnu à la suite de la guerre Russo-Géorgienne) et le Kosovo (reconnu par de plusieurs pays occidentaux), mais pas par autant que la moitié du monde.

En un mot, l'establishment politique retardataire que la

mafia politique en France a imposé sur le Cameroun ne peut que répondre aux griefs des Camerounais à l'Ouest du Mungo au coup par coup. Mais une résolution véritable, fondamentale, authentique et globale du problème minoritaire n ° 1 au Cameroun n'est possible que dans un Cameroun Nouveau qui est possible après que tous les peuples du Cameroun, indépendamment de la religion, région, appartenance ethnique ou expression linguistique joignent les mains avec sérieux et démantèlent ce système imposé par la France qui a maintenu tous les Camerounais dans un cloaque pendant près de six décennies.

Et à vrai dire, je pense que la région du Nord-Ouest est la moins consciente de cette réalité, car ses politiciens confondent la population en continuant à embrasser des forces conflictuelles qui divisent les rangs des partisans du changement, les obligeant à frapper aveuglément la plupart du temps, de sorte que la formidable énergie que la région génère se disperse au lieu d'être entièrement galvanisée et canalisée pour coopérer avec d'autres forces de changement au Cameroun et construire l'énergie plus large qui peut balayer ce système monstrueux hors du pouvoir et pour réaliser le Cameroun Nouveau. Nous devons être critiques et autocritiques, nous devons écouter les points de vue des autres, être ouverts d'esprit, commencer à appeler une bêche une bêche et d'arrêter d'accepter les mauvaises manières de même nos membres de nos familles et de nos tribus qui aident à soutenir le système dans une symbiose qui conduit le Cameroun dans l'abîme. Ce que nous appelons en pidgin "Long Sens" n'est pas la voie à suivre. C'est anachronique dans la cause de fonder le «Cameroun

Nouveau   parce que c'est un brin de tromperie et de malhonnêteté qu'un esprit rationnel trouve insupportable.

Lundi 28 Novembre 2016   *Janvier Tchouteu*

Conclusion

L'espoir pour le "CAMEROUN NOUVEAU" se manifeste avec plus d'éclat que dans l'équipe nationale de football du pays, qui, malgré les contraintes du système imposé par la France (mauvaise infrastructure au fil des ans, gestion médiocre et corrompue, etc.), a fait du Cameroun un pays exemplaire et peut-être le numéro un en Afrique et l'un des meilleurs au monde. Les joueurs n'ont jamais corrompu leurs compatriotes, mais ont donné le meilleur d'eux-mêmes malgré les obstacles qui les opposaient. Ils montrent au monde que le Cameroun a le potentiel pour devenir la lumière de l'Afrique et non pas le mouton noir que la mafia politique que la France a créé dans le pays, l'establishment politique, a fait passer le pays pour près de six décennies.

Le problème Anglophone du Cameroun ou, mieux encore, le sort des deux provinces Anglophones du Nord-Ouest et du Sud-Ouest, la région qui était auparavant le *British Southern Cameroons* (Le Cameroun Méridional Britannique), met en évidence la dépravation du système plus que tout autre problème dans le pays. Pourtant, c'est très étrange que les forces qui veulent déchirer le Cameroun et les forces qui le démoralisent, tout en semblant être opposés les uns aux autres, contribuent à se rendre mutuellement pertinent. Mais la bonne chose est que ces forces sont une minorité dans toutes les régions du pays.

Les forces qui veulent déchirer le Cameroun sont les plus visibles dans la partie Anglophone du pays. Cette force est surtout composée de ceux qui ont voté contre la réunification du Cameroun Méridional Britannique et l'ancien Cameroun Français (La République du Cameroun) en 1961, et de leurs descendants aujourd'hui. Leur agenda pour créer un Cameroun du Sud ou Ambazonie indépendant n'est pas accepté au Cameroun Anglophone (l'ancien Cameroun Britannique du Sud, l'ancien Cameroun Occidental ou les régions du Nord-Ouest et du Sud-Ouest aujourd'hui) par ceux qui ont voté pour la réunification, dont la plupart sont des nationalistes Camerounais, autrement appelées les union-nationalistes ou les Kamerunistes. La plupart des Kamerunistes Anglophones souhaiteraient un retour à la fédération des deux États du Cameroun Occidental (Anglophone) et du Cameroun Oriental (Francophone) de 1961 ou à une fédération de dix régions ou États ou plus, comme la plupart des Kamerunistes Francophones.

Malheureusement, les irrédentistes (ceux qui veulent un Cameroun du Sud indépendant ou Ambazonie)qui sont en minorité d'une part et l'establishment Camerounais usurpateur (aussi en minorité) mis en place par la mafia politique Française (FrancAfrique), d'autre part, se rendent mutuellement pertinents dans leurs agendas alors que le régime anti-Camerounais de Biya dissimule le vêtement patriotique qu'il a volé aux union-nationalistes (Kamerunistes) historiques du Cameroun et pose comme la force qui essaye de maintenir le Cameroun uni aux sécessionnistes du Cameroun du Sud (Ambazonie), tandis que Les irrédentistes du Cameroun du Sud sapent les union-nationalistes Camerounais des deux côtés du Wouri en se faisant passer pour la force qui va libérer les Camerounais Anglophones des «Francophones et de leur régime». Ce n'est que par les union-nationalistes Camerounais qui exposeront et/ou écraseront les actions et les agendas de l'establishment usurpateur et des irrédentistes Anglophones que naîtra le «Cameroun Nouveau».

Glossaire

Adamaoua	La province (région) la plus méridionale qui a été taillé dans l'ancienne province (région) du Grand Nord. C'est une région de plateau.
Akonolinga	Une ville dans la province (région) du Centre. C'est également la capitale de la Nyong et Nfomou.
Akum	Un Peuplement Ngemba 9 miles de Bamenda sur la route Bafoussam-Bamenda. Il est aussi un royaume Ngemba traditionnel et le dialecte des gens là-bas.
Ambam	Une ville dans la province (région) du Sud. C'est le capital de subdivision du département de Ntem.
Ashia	Mot utilisé par les Camerounais à exprimer la sympathie, la condoléance, la consolation, l'encouragement, la compassion, l'harmonie, la

	compréhension, l'accord, la reconnaissance et la prudence.
Bafang	La capitale du département de Haut-Nkam et un royaume Bamiléké dans la province (région) de l'Ouest.
Bafaw	Le principal groupe ethnique dans la région qui comprend la municipalité de Kumba. Il fait partie du groupe bantou plus.
Bafedja	Un Peuplement et Un royaume Bamiléké dans le département de Nde ou le département de Banganté, la province (région) de l'Ouest.
Bafoussam	La capitale de la province (région) de l'Ouest et du département de Mifi. Aussi un royaume traditionnel Bamiléké.
Bafut	Un Peuplement et royaume Ngemba traditionnel à environ de 18 miles de Bamenda dans la province (région) du Nord-Ouest.
Bakweri	Le principal groupe ethnique du département de Fako, qui est situé dans la province (région) du Sud-ouest. Les Bakweriens sont des Bantous du sous-

	groupe Sawabantu.
Balengou	Un Peuplement Bamiléké et royaume du département de Nde, province (région) de l'Ouest.
Bali	Un Peuplement Chamba et royaume à environ de 18 miles au nord de Bamenda, dans la province (région) du Nord-Ouest.
Bamena	Un Peuplement Bamiléké et royaume du département de Nde, province (région) de l'Ouest.
Bambili	Un Peuplement et royaume Ngemba environ 9 miles au nord de Bamenda dans la province (région) du Nord-Ouest.
Bambui	Un Peuplement Ngemba et royaume à environ 6 miles au nord de Bamenda dans la province (région) du Nord-Ouest.
Bamenda	La capitale de la province (région) du Nord-Ouest et du département de Mezam.
Bamendjou	Un Peuplement Bamiléké et royaume du

	département de la Mifi, province (région) de l'Ouest.
Bami (Bamiléké)	Diminutif de Bamiléké.
Bamiléké (Bami)	L'ethnicité semi-bantou le plus peuplé et le principal groupe ethnique au Cameroun. Il est aussi leur langue maternelle.
Bamilekéland (Terre Bamiléké autrement appelé Pays Bamiléké)	La moitié ouest de la province (région) de l'Ouest, avec des franges dans les provinces (région)s du Nord-Ouest et du Sud-ouest. Il comprend cinq divisions administratives, environ quatre-vingt-dix royaumes traditionnels, et onze groupements dialectiques.
Bamoun	Une ethnie semi-Bantous et l'un des groupes principaux ethniques au Cameroun. Aussi leur langue maternelle.
Bamounland (Terre Bamoun autrement appelé Pays Bamoun)	La moitié est de la province (région) de l'Ouest.
Bandekop	Un Peuplement Bamiléké et royaume dans la Mifi Division, province (région)

de l'Ouest.

Banganté   Le plus grand royaume Bamiléké, la capitale du département de Nde, son ancien nom. Trouvé dans la province (région) de l'Ouest.

Bangou   Un Peuplement Bamiléké et royaume du département de Haut-Nkam, province (région) de l'Ouest.

Bangoua   Un Peuplement Bamiléké et royaume du département de Nde, province (région) de l'Ouest.

Bangoulap   Un Peuplement Bamiléké et royaume du département de Nde, province (région) de l'Ouest.

Bantu   Un grand groupe de peuples négroïdes d'Afrique centrale, d'Afrique du Sud et Afrique de l' Est qui habite les forêts du Sud-ouest, du Littoral, du Centre, du Sud et dans les province (région)s de l' Est du Cameroun. Ils sont aussi le plus grand constituant de la race Négroïde ou Noir.

Bassa   Le principal groupe ethnique dans la province (région) du Littoral. Ils sont les Bantous. On trouve également dans la

	province (région) du Centre du Cameroun.
Batoufam	Un royaume Bamiléké dans le département de Mifi, province (région) de l'Ouest.
Bawok (Bahouok, Bahouoc)	Un royaume Bamiléké parlant les dialectes Medumba, dans les provinces (régions) de l'Ouest et du Nord-Ouest. Les principaux sont les suivants:

- Bawok-Banganté ou Banganté-Bawok est un royaume traditionnel Bamiléké trouve dans la subdivision de Banganté, Division Nde. Une grande partie du royaume est situé dans la ville de Banganté. Après une série de conflits au début du XXe siècle, elle a perdu la majeure partie de son territoire aux royaume Bamiléké environnants, avec ses sujets qui migrent vers d' autres régions du Cameroun et même fonder de nouveaux royaumes.

- Bawok-Bali ou Bali-Bawok: Emanation du royaume de mère de Bawok-Banganté, fondée en 1907 avec l'aide de royaume amical de

	Bali-Nyonga. C'est une enclave dans le peuplement de Bali (*Fondom* ou royaume)
Bayangam	Un Peuplement Bamiléké et royaume du département de la Mifi, province (région) de l'Ouest.
Bazou	Un royaume Bamiléké dans le département de Nde, province (région) de l'Ouest.
Beti	Diminutif de Beti-Pahuin. C'est également une subdivision du groupe Beti-Pahuin des langues et se décompose plus loin dans Ewondo, Eton, Bane, Mbida-Mbane et Mvog-Nyenge.
Beti-Pahuin	Diminué ou raccourci à Beti, ce groupe de peuples apparentés constitue le troisième principal groupe ethnique au Cameroun. La patrie ethnique du peuple Beti-Pahuin est dans les province (région)s du Centre et du Sud, avec des franges et des enclaves dans la province (région) de l'Est. Ils sont de langue Bantoue et comprennent les éléments suivants:

- Beti (Ewondo, Bane, Mbida-Mbane, Mvog-Nyenge et Eton),
- Fang (Fang bonne, Ntumu, Mvae et Okak)
- Bulu (Bulu, Fong, Mvele, Zaman, Yebekanga, Yengono, Yombama, Yelinda, Yesum et Yekebolo).

Les petites tribus ou groupes ethniques Pahuinised par le Beti-Pahuins tels que les Baka, Bamvele, Manguissa, Yekaba, Evuzok, Batchanga (Tsinga), Omvang, peuples Yetude.

Les Beti-Pahuin sont également indigènes en Guinée équatoriale, le Gabon et la République du Congo.

Betiland (Terre Beti autrement appelé Pays Beti)	Les régions parlant Beti-Pahuin du Cameroun (étend de la moitié sud de la province (région) du Centre, aux parties centrale et orientale de la province (région) du Sud et se prolonger en marge dans la province (région) orientale), Guinée équatoriale (Rio Muni), le Gabon (la moitié nord), la République du Congo (nord-ouest) et São Tomé et Príncipe.
Biafra	L'état de courte durée Ibo dominé qui a

	fait sécession du Nigeria au cours de la guerre 1966-1970 civile nigériane.
Bota	Une banlieue de Limbe, Fako, Province (région) du Sud - Ouest.
Cameroun Britannique	Le tiers occidental de l'ancien Kamerun Allemand qui est tombé sous le contrôle Britannique après la partition de la colonie Allemande. Ce comprenait Cameroun Britanniques du Nord (Cameroun Septentrional Britannique) et Cameroun Britanniques du Sud.
Boumnyebel	Un village Bassa dans le département de Nyong et Kelle, province (région) du Centre.
Buéa	La capitale ville de la province (région) du Sud-ouest et ancienne capitale du Kamerun Allemand.
Bulu	L'un des peuples du groupe ethnique Beti-Fang avec une patrie dans la province (région) du Sud.
Cameroun Britannique du Nord (Cameroun Septentrional Britannique)	Le Nord de la moitié de Cameroun Britanniques qui a voté pour unir avec le Nigeria en 1961, après le plébiscite controversé des Nations Unies sur le territoire.

Cameroun Britannique du Sud (Cameroun Méridional Britannique)	Le sud de la moitié de Cameroun Britanniques. Fait partie de la Fédération de Cameroun en 1961 pour donner suite à un référendum qui a abouti à sa réunification avec l'ancien Cameroun Français. Il comprend les province (région)s du Nord-Ouest et du Sud-ouest du Cameroun.
Cameroun Français	Les deux tiers de l'ancien Kamerun Allemand qui est tombé sous le contrôle des Français après la partition de la colonie Allemande par la Grande-Bretagne et la France . Il est devenu un territoire Français sous mandat de la Société des Nations et un territoire de confiance plus tard sous l'Organisation des Nations Unies 1918-1960.
Pidgin Camerounais	Aussi appelé créole Camerounais ou Kamtok, il est le pidgin Anglais parlé au Cameron. Il y a cinq variantes.
CENER	(*Centre National des Etudes et de Recherche*)—Acronym du service de renseignement secret du Cameroun qui a été modifié en 1984 à *Direction Générale de la Recherche Extérieures* (DGRE) Directrice générale Direction

de la recherche externe.

Province (Région) du Centre — Province (région) centrale du Cameroun. C'est constitué de Huit Départements.

CNU (Cameroon National Union) ou (Union Nationale du Cameroun) UNC — Parti formé en 1966 de la fusion des partis politiques opérant au Cameroun. Il a été dirigé par le premier président Camerounais Ahmadou Ahidjo.

CPDM (Cameroon People's Democratic Movement) ou RDPC (Rassemblement démocratique du Peuple Camerounais) — Le CNU (UNC) rebaptisé en 1985.

CU (Cameroonian Union) ou (L'Union Camerounaise) — Parti formé par Ahmadou Ahidjo.

Douala — La plus grande ville, la capitale économique du Cameroun et la capitale du département de Wouri et de la province (région) du Littoral.

Duala — Un peuple Bantou du sous-groupe Sawabantu, ils sont le principal groupe

	ethnique du département de Wouri et de la ville de Douala.
Cameroun de l'Est	L'unité fédérale de langue Française du Cameroun 1961-72. Il a été formé à partir de l'ancien Cameroun Français.
Est— Province (région)	La moitié sud-est du Cameroun. La province (région) de l'Est a quatre divisions avec Bertoua comme capitale.
Eton	L'un des peuples du groupe ethnique Beti-Fang. Ils sont trouvés dans la province (région) du Centre.
Ewondo	L'un des peuples du groupe Beti-Fang. Ils sont trouvés dans la province (région) du Centre du Cameroun.
L'Extrême-Nord	Une province (région) dans l'extrême nord du Cameroun. Ce comprend six divisions.
Forces Françaises Libres	Ils étaient des combattants Français et Francophones qui ont continué la lutte contre l'axe puissances de l'Allemagne, l'Italie et le Japon, même après la France capitule et a signé un accord d'armistice avec l'Allemagne Nazie en Juin 1940. Il a été formé par le général Charles De Gaulle, qui était un membre du cabinet

Français en visite officielle en Grande-Bretagne au moment de la cession. Général Charles De Gaulle a opposé fermement le capitulation Française et l'armistice signé par le nouveau régime dirigé par le maréchal Pétain qui a créé le régime de Vichy dans le sud de la France , permettant ainsi au nord du pays sous occupation Allemande. Il a appelé la résistance contre le contrôle Allemand de la France et de ses marionnettes collaborationnistes de Vichy. Le mouvement a attiré des recrues principalement de l'empire Français, en particulier de l'Afrique Centrale Française, dont le Cameroun Français était la base à l'époque, sous le nouveau gouverneur de Jacques Philippe LeClerc. Philippe LeClerc a mené la première grande victoire de Forces Françaises Libres dans la guerre avec la capture en 1941 de Koufra, une ville dans la colonie Italienne de la Libye. Il a incorporé les forces de l'ancien régime de Vichy dans les colonies de 1943 et a vu ses rangs gonflés par des Français après le Débarquement du Jour (Débarquement de Normandie). Les Forces Françaises libres ont atteint leur plus grande gloire avec la libération de Paris en Août 1944, dirigé par la 2e division blindée Française, car il avait le plus petit nombre de Noirs dans ses rangs. À la fin de la guerre, le mouvement Libre Français constituait la quatrième force militaire en Europe, la lutte contre les puissances de l'Axe. Les partis politiques de droite en France ont été dominées par ses membres et l'idéologie de son fondateur appelé gaullisme.

Fulfulde (Peul, Pulaar, Pular)	Une langue Séné-Gambienne parlée par les Peuls.
Peul (Peul, Fellata ou Peul)	Un peuple mélangé de négro-touareg peuplant la savane du Soudan à Séné-Gambie, ils comprennent trois groupes à savoir:

1. Les Mbororo, Bororo, Burure ou Abore qui sont des pasteurs.

2. Le Fulanin Gida, Ndoowi'en ou Magida, qui sont totalement sédentaires.

3. Les Peuls semi-sédentaires qui sont en fin de compte agronome et reprennent le pastoralisme, mais souvent forment des

communautés permanentes.

Les Foulanis, Peuls ou Peuls sont le deuxième groupe ethnique le plus peuplé au Cameroun. Ils sont trouvés principalement dans les province (région)s du nord de l'Adamaoua, du Nord et de l'Extrême-Nord. Leur langue est la lingua franca de cette partie du Cameroun.

Foumbam

La capitale du département de Noun et de Bamounland. C'est trouvé dans la province (région) de l' Ouest.

Foumbot

Une colonie agricole dans le département de Noun.

Cameroun Français

Les deux tiers de l'ancien Kamerun Allemand qui est tombé sous le contrôle des Français après la partition de la colonie Allemande par la Grande-Bretagne et la France . Il est devenu un territoire Français sous mandat de la Société des Nations et un territoire de confiance plus tard sous l'Organisation des Nations Unies 1918-1960.

FSD (Front Social-Démocrate) ou *SDF*

Le parti politique connu comme le leader d'opposition au Cameroun. Le

(Social Democratic Front)	FSD est dirigé depuis sa création le 26 Mai 1990 par John Fru Ndi.
Garoua	La capitale de la province (région) du Nord et du département de la Bénoué.
Graffi	Mot pidgin d'origine Allemand pour un champ d'herbe. Un nom souvent appliqué collectivement aux peuples semi-Bantous des province (région)s du Nord-Ouest et de l'Ouest du Cameroun.
Graffiland (Terre Graffi)	Le mot Camerounais pour les Hauts Plateaux de L'Ouest, ou les Bamenda Grassfields—le région des prairies montagneuses des province (région)s du Nord-Ouest et de l'Ouest du Cameroun. Il comprend la terre Bamiléké (Bamilekéland) et la terre Bamoun (Bamounland) dans le sud et le la terre Ngemba ou Pays Ngemba(Ngembaland), la terre Chamba ou Pays Chamba (Chambaland) et la terre Tikar (Tikarland) dans le nord.
Ibo	L'un des quatre groupes principaux ethniques du Nigeria. Ils sont trouvés dans le sud-est.

Idenau	Une ville dans la région de Fako, province (région) du Sud-ouest.
Kamveu	Conseil local des notables entre les différents royaumes bamiléké.
Koufra (Kufra)	Un Peuplement important de l'Oasis mais isolé dans le sud-est du désert libyen qui était d'une importance stratégique pour la campagne d'Afrique du Nord pendant la Seconde Guerre mondiale. Sa capture des Italiens par les Forces Françaises Libres a marqué la première grande bataille remportée par la France dans la guerre, renforçant ainsi le prestige du général Charles De Gaulle et le moral des forces anti-Vichy qui étaient démoralisés.
Koutaba	Un Peuplement dans le Bamounland, le département de Noun, et le province (région) de l'Ouest. Aussi une base aérienne importante et une base de l'armée au Cameroun.
Kumba	La plus grande ville de la province (région) du Sud-ouest et la capitale du département de Mémé. C'est situé à environ de 70 miles au nord de Limbe.

KNDP (Kamerun National Democratic Party) ou PNDK (Parti National et Démocratique du Kamerun) — Un parti politique des nationaliste-civiques dans le Cameroun Britannique. Il a mené la campagne qui a réalisé la réunification du Cameroun du Sud Britannique avec l'ancien Cameroun Français

Limbe — L'ancien Victoria. C'est la capitale de la région de Fako dans la province (région) du Sud-ouest.

Littoral—Province (région) — Le province (région) côtière du Cameroun. Il se compose de quatre divisions.

Loum — Une ville agricole dans le département de Moungo, dans le nord de la province (région) du Littoral.

Maguida (Magida) — Nom utilisé par erreur pour les peuples musulmans du Nord du Cameroun qui a pris naissance du troisième groupe de Peuls—le Fulanin Gida, comprenant les communautés peules pleinement sédentaires.

Mamfe — La capitale du département de Manyu dans la province (région) du Sud - Ouest.

Manjibo	Un village Bamoun dans le département de Noun.
Mankon	Mankon est un royaume Ngemba et une partie de la ville de Bamenda, dans le département de Mezam, la province (région) de Nord-Ouest .
Maroua	La capitale de la Province (région) d' Extrême Nord, et aussi la capitale du département de Diamaré.
Mayo Tsanaga	Un département dans la province (région) de l'Extrême-Nord du Cameroun.
Mayo Tsava	Un département dans la province (région) de l'Extrême-Nord du Cameroun.
Mbengwi	La capitale du département de Momo dans la province (région) du Nord-Ouest.
Mboh	Un peuple Bantou de la Moungo-dans la province (région) du Littoral, avec des franges de leur pays d'origine dans le sud-ouest et province (région)s de l'Ouest.

Mokolo — Capitale du département de Mayo Tsanaga.

Molyko — Une banlieue de Buéa dans la province (région) du Sud-ouest.

Mora — La capitale du département de Mayo Tsava Division.

Mutengene — Une ville de jonction à Limbé, Buéa et Tiko, dans le département de Fako, province (région) du Sud-ouest.

Nde — Autrefois appelé le département de Banganté. Il se trouve dans la province (région) de l'Ouest.

Ngaoundéré — Capitale du département de Vina et de la province (région) de l'Adamaoua.

Ngemba — Un peuple du groupe semi-bantou. Les peuples Ngemba se trouvent dans la moitié nord du Prairie du Cameroun (les Hauts Plateaux de l'Ouest), principalement dans les départements de Mezam et de la province (région) Momo du Nord-Ouest. Les personnes Ngemba dialectes.

Ngembaland — La partie sud-ouest de la province

	(région) du Nord-Ouest qui se compose de plusieurs royaumes traditionnels ou fondoms parlant des dialectes étroitement liés.
Nkongsamba	La capitale de la Moungo du Cameroun. C'est également la plus grande ville de la région.
Nkwen	Un royaume Ngemba traditionnel et une partie de la ville de Bamenda.
Nord—Province (région)	Central des province (région)s du Grand Nord. Il comprend quatre divisions.
Nord-Ouest Province (région)	Une province (région) de l'ancienne unité fédérale du Cameroun occidental et l'ancien territoire du Cameroun Méridional Britannique. Peuplée par des groupes semi-Bantous de haut-parleurs Tikar, Ngemba et Chamba. Leurs compatriotes de la province (région) du Sud-ouest appellent collectivement les "Graffis".
Nzui-Mantor	Le mot Banganté-Bamiléké pour la panthère ou léopard.
OK *(One Cameroon) —*	Emanation de l'UPC après qu'il a été également interdite dans Cameroons

Kamerun Est Un	Britannique.
Ouest—Province (région)	La moitié sud des Hauts Plateaux occidentales du Cameroun. Elle est peuplée par les peuples bamiléké et Bamoun. C'est également centre culturel et agricole du Cameroun, et se souvient de son rôle historique en tant que centre du nationalisme du pays et la lutte de libération contre l'armée Française dans le pays. Il comprend les six divisions de Bamboutous, Menoua, Mifi, Nde, Noun et du Haut-Nkam.
Peul	Un terme Français pour Peuls emprunté à la langue Wolof.
Pidgin Camerounais	Aussi appelé créole Camerounais ou Kamtok, il est le pidgin Anglais parlé au Cameron. Il y a cinq variantes.
RDPC (Rassemblement Démocratique du Peuple Camerounais), appelé *CPDM (Cameroon People's Democratic Movement)* en Anglais	C'est le parti au pouvoir dans le Cameroun. Son ancien nom (1966-1985) était l'Union Nationale Camerounaise (UNC), formé en 1966 par la fusion des partis politiques au Cameroun. Avant cela, il s'appelait l'UC (Union Camerounaise), l'ancien parti politique fondé par Ahmadou Ahidjo, l'ancien président de la République du

	Cameroun. Le RDPC/UNC/UC a été le parti au pouvoir depuis le soi-disant 'indépendance du Cameroun en 1960. Paul Biya est le président du parti.
SDF (Social Democratic Front) ou FSD (Front Social-Démocrate)	Le parti politique connu comme le leader d'opposition au Cameroun. Le FSD est dirigé depuis sa création le 26 Mai 1990 par Ni John Fru Ndi.
Semi-Bantous	Les peuples uniques et non apparentés en Afrique, comprenant les peuples Bamiléké, Bamoun, Tikar, Ngemba et Chamba.
Sokolo	Une banlieue de Limbe, Province (région) du Sud-ouest.
Sud—Province (région)	Une province (région) côtière du sud du Cameroun. Il comprend les trois départements de Ntem, Océan, et Dja et Lobo.
Sud-ouest— province (région)	Une province (région) côtière du Cameroun situe dans le sud-ouest du pays. Il dispose de quatre départements. Autrefois une partie de Cameroun du Sud Britannique et l'unité fédérale du Cameroun Ouest.

Tcholliré	La capitale du département de Rey Bouba dans la province (région) du Nord.
Tiko	Une ville côtière dans le département de Fako dans la province (région) du Sud-ouest.
Tonga	Un Peuplement Bamiléké et royaume du département de Nde, le province (région) de l'Ouest.
Touareg	Un peuple Berbérophone du groupe Amazigh vivant dans le Sahara central du sud de l'Algérie et la Libye, Tripolitaine au milieu Niger et les frontières du nord du Nigeria. Ils se sont déplacés à l'intérieur du désert du Sahara pour échapper à l'invasion Arabe de l'Afrique du Nord au 7ème et 8ème siècle.
UDC (Union Démocratique du Cameroun) ou CDU (Cameroon Democratic Union) en Anglais	Un parti politique au Cameroun fondé par Adamou Ndam Njoya, ancien ministre du régime Ahmadou Ahidjo.
UNC (Union Nationale du Cameroun) ou CNU (Cameroon National	Parti formé en 1966 de la fusion des partis politiques opérant au Cameroun. Il a été dirigé par le premier

Union)	président Camerounais Ahmadou Ahidjo.
UNDP (Union Nationale pour la Démocratie et le Progrès) ou *National Union for Democracy and Progress (NUDP)* en Anglais	Un parti politique au Cameroun fondé par Samuel Eboua, ancien ministre du régime Ahmadou Ahidjo. Bello Bouba Maigari, ancien Premier Ministre du régime de Biya, a usurpé la direction du parti et en a été le président depuis 1982.
UPC (Union des Populations du Cameroun)	Première partie nationale et nationaliste au Cameroun. L'UPC historique a été formé en 1948. Banni en 1955, elle a eu recours à une lutte armée qui a continué jusqu'aux années 1960.
Victoria	L'ancien nom de Limbe, une ville qui été fondée en 1857 par des missionnaires pour comme une colonie des esclaves secourus ou libérés.
Wolowose	Un mot Camerounais pour une pute.
Wum	La capitale du département de Menchum dans la province (région) du Nord-Ouest.
Yaoundé	Deuxième plus grande ville du Cameroun et la capitale nationale. De plus la capitale de la province (région)

du Centre et du département de Nfoundi.

www.ingramcontent.com/pod-product-compliance
Lightning Source LLC
Chambersburg PA
CBHW051101250726
48656CB00001B/417